H_2O와 망각의 강

H_2O와 망각의 강

이반 일리치 지음
안희곤 옮김

사월의책

H_2O와 망각의 강

1판 1쇄 발행 2020년 7월 10일

지은이 이반 일리치
옮긴이 안희곤
펴낸곳 사월의책

편집 박동수
디자인 김현진

등록번호 2009년 8월 20일 제396-2009-126호
주소 경기도 고양시 일산동구 무궁화로 7-45 451호
전화 031)912-9491 | **팩스** 031)913-9491
이메일 aprilbooks@aprilbooks.net
홈페이지 www.aprilbooks.net
블로그 blog.naver.com/aprilbooks

ISBN 978-89-97186-56-3
ISBN 978-89-97186-50-1 (세트)

* 책값은 뒤표지에 있습니다.
* 이 도서의 국립중앙도서관 출판예정도서목록(CIP)은 서지정보유통지원시스템 홈페이지(http://seoji.nl.go.kr)와 국가자료종합목록 구축시스템(http://kolis-net.nl.go.kr)에서 이용하실 수 있습니다. (CIP제어번호: CIP2020023948)

차례

감사의 글 9

제1장 물질들의 역사 13

댈러스 타운레이크 | 욕조 속 누드 | '질료'의 역사성 | 물이라는 '질료' | 거주 공간—서식처도 아니고 차고도 아닌 곳

제2장 공간 31

의례로 창조된 공간 | 플라톤의 모성적 공간 | 불도저로 밀어버린 공간 | 안팎이 없는 공간과 악몽 | 내부와 '외부' 공간

제3장 물 53

포착하기 힘든 물 | 물의 분할 | 물의 이중성—순수함과 청결함 | 레테의 강물로 씻다 | 회상이 모여 있는 므네모시네의 샘 | 수로와 문자가 고갈시킨 므네모시네

제4장　도시 73

안팎이 없이 흐른 로마의 물 | 하비가 주창한 순환의 개념 |
오물이 넘쳐나던 도시 | 도시가 풍기는 아우라 | 죽은 사람의 냄새 |
냄새 없는 도시라는 유토피아

제5장　냄새 101

기체로 판명된 미아스마 | 배변과 사생활 | 인종과 계층의 냄새 |
교육받은 코—부끄러움과 당황 | 향수로 지운 아우라

제6장　현대의 물 117

변기에 물을 사용하다 | 거름이 가득한 파리 | 오염된 런던 하수도 |
미국 가정의 수세식 화장실 | 미국 문화를 통합한 WC | '질료'의 회복

참고문헌 133

옮긴이 해설 149

얼마나 여러 번 모습을 바꾸는지
생명을 불어넣은 물질, 그대는 존재한 적이 있는가?
달콤한 재스민 향내 감도는 눈 속에서
그대는 창백한 잿더미가 되어 견디고 있구나.

그대는 두려움 속에서 자신을 드러낸 채
꽃들의 왕, 보라색 옷을 입고 있네.
죽음의 형상들 속에서 그대는 죽지 않고,
필멸의 존재들이 그대에 의해 불멸한다.

멕시코 시인 산도발 사파타의 시
「태초의 물질에게」에서

일러두기

1. 원서에는 장 제목 없이 소제목만으로 본문이 구성되어 있으나, 독자의 편의를 위해 본문 내용에 맞춰 장을 구분하고 제목을 붙였다.
2. 본문과 각주에서 저자 주는 숫자로, 옮긴이 주는 별표(*)로 표시하였다.
3. 각주에서 굵은 글자체로 표시한 인명은 책 말미에 수록한 참고문헌의 저자명이다.
4. 본문에서 단순 언급된 인명 및 지명과 널리 알려진 고유명사는 원어를 병기하지 않았다.

1984년 5월 게일 토마스와 동료들이 나를 미국 댈러스로 초청하여 짧은 강연을 부탁했다. 나는 그때의 강연 원고를 수정하여 출간하기로 약속했고, 이 책은 그 원고를 엮은 것이다. 그러나 댈러스 강연이 그대로 책의 기본이 된 것은 아니다. 오히려 루스 크리스 레텐벡이 편집한 독일어 판본이 더 직접적인 바탕이 되었다. 루스의 질문을 통해, 그리고 다른 언어로 내 글을 읽으면서 비로소 나는 원래의 원고에 숨은 가능성을 깨닫게 되었다. 댈러스 문화인문학연구소(The Dallas Institute of Humanities and Culture)가 '신체 이미지에 대한 휴리스틱*의 역사'를 주제로 세미나를 연 시점에 맞춰 이 책의 교정쇄를 인쇄해주어 감사하다. 이 세미나는 나와 바바라 두덴이 이끈 것이다. 수전 헌트는 내 글을 한 줄도 빠뜨리지 않고 검토해주었고, 베벌리 홀은 내가 마지막 원고 수정을 하는 동안 지낼 거처와 그 밖의 도움을 제공해

* heuristics. 충분한 정보와 시간을 갖지 못한 불확실 상황에서 빠른 결론을 얻기 위해 주로 경험과 직관에 의존하여 추론을 하는 어림짐작 기법.

주었다. 누덕누덕 기운 조각보 같은 원고를 조판한 스콧과 수전 듀프리의 솜씨에 감탄한다.

독자들은 페이지를 넘길 때마다 이 책이 글자 그대로 하나의 '에세이', 하나의 시론임을 알게 될 것이다. 사람들과 많은 대화를 나누는 과정에서 내가 덧붙인 주석, 곁길로 새어나간 생각, 여백에 적어 놓은 것들을 글로 엮었기 때문이다.

제1장

물질들의 역사

A History of Matters

댈러스 타운레이크

댈러스의 수많은 시민 단체들이 지난 70년 동안 시내와 주택가 사이의 중간 지역에 호수를 만들자고 주장해온 것을 나는 잘 알고 있다. 20세기 초만 해도 그런 프로젝트가 대단치 않은 사업이었겠지만, 이제는 눈길을 끄는 요란한 흥행물의 위치를 차지하게 되었다. 1984년 내내 또 다른 전문가 집단이 여남은 군데 중간 지역들을 수몰시키는 사안에 대해 기술적 실행 가능성과 사회적 수용 가능성을 고심했다. 호수 만들기 프로젝트를 지지하는 이들은 그것이 비즈니스와 몽상, 세금과 레크리에이션 등에 물줄기를 대줄 것이라고 예상했다. 반대하는 이들은 그 제안을 엘리트주의적인 공적 자금 남용으로 간주했다. 70년 동안 제기되고, 보류되고, 다시 상정된 많은 논의들을 보노라면, 두드러지게 눈에 띄는 점 하나가 발견된다. 호수 만드는 일을 밀어붙이는 이들과 중지하기를 원하는 이들 모두 고여 있는 물의 자연스러운 아름다움으로 댈러스 시민의 생활이 실질적으로 향상되리라는 것에는 은연중 동의한다는 사실이다.

욕조 속 누드

물의 '자연스런 아름다움'이 시민의 기분을 고양할 것이라는 지혜를 사람들이 늘 입 밖으로 표현하는 것은 아니다. 하지만 호수의 마법에 대한 믿음을 한번 비웃어보라. 사람들은 지저분한 농담을 들었을 때와 비슷한 반응을 보일 것이다. 내가 말하고자 하는 것은, 물이 자연에서 늘 여성적 요소로 인지되기 때문에 그런 반응이 나온다는 것이다. 19세기부터 물은 '위생적인' 여성의 이미지와 결부되었고, 이것은 빅토리아 시대의 발명품이기도 하다. 여성의 나신이 욕실 수돗물의 문화적 상징과 결합한 것은 19세기 후반의 특징이다. 나신과 비누거품이 욕조 속에서 밀접하게 만나면서 물과 신체는 다함께 가정 내에 길들여지게 되었다. 물은 실내에 깔린 배수관을 타고 흐르는 질료(stuff)가 되었고, 나신은 새로 발명된 가정 공간에서 나누는 은밀하고도 신선한 성적 판타지의 상징이 되었다.

물과 나신의 미묘한 결합이 진화해온 양상을 그 복잡한 측면까지 다 파악하려면 이 시기의 회화들을 보면 된다. 화가들은 굳이 종교나 신화적 배경을 끌어다 누드를 변명할 필요가 없다는 것을 차츰 깨닫게 되었다. 목욕하는 여성을 그림으로써 물과 여성을 '자연'의 일부로 함께 보여줄 수 있었기 때문이다. 쿠르베와 같은 천재만이 드물게 남의 시선을 의식하지 않는 대담한 필치로 여성의 신체를 드러냈고, 〈세상의 기원〉 같은 작품을 통해 여성을 놀라운 특이성을 가진 존재로 뛰어나게 표현했다. 보통의 화가들은 신체와 물을 연결함으로써 여성의 몸을 표현하는 데 따르는 위험성을 피했다. 고전주의 화가 앵그르만 해도 긴 생애 내내 누드라는 단어와 터키식 목욕탕을 동일한 의미로 사용했다. 인상파의 드가는 늙어가면서 욕조와 커다란 대야, 수반들을 아틀리에에 들여놓았고, 모델들로 하여금 그 속에서 포즈를 취하게 했다. 그의 파스텔화는 19세기 후반 동안 가정에서 어떻게 목욕을 했는지를 보여주는 좋은 사료(史料)다. 그가 그린 것은 누드화라기보다는 스펀지로 몸을 닦으며 물과 신체와의 관계에 몰두하는 여성의 모습이었다.[1]

---

1 예술사가인 프랑코 **루솔리**(Franco Russoli)는 1878년부터 1890년까지 드가가 그린 파스텔 누드화의 목록을 867번에서 957번까지, 그리고 990번에서 1054번까지 번호를 매겨 정리했다. 1886년의 마지막 인상파 전시회에 이 파스텔화들이 걸린 것을 보고, 작가이자 미술비평가인 위스망스(Joris-Karl Huysmans)는 드가가 여성의 육체를 경멸하고 혐오한다는 혐의를 제기했다. 무희를 주제로 한 초기 작품들과 마찬가지로, 목욕을 하고, 몸을 씻고, 수건으로 몸을 닦고, 혹은 몸단장을 하고 있는 이 여성들이 힘든 동작을 취하느라 몸 균형이 불안정해진 순간을 보여주고 있다는 것이다.

하지만 드가의 작품에서 볼 수 있는 것은 누드와 배경 사이에 새로운 관계가 형성되고 있다는 점이다. 렘브란트가 〈수산나〉 연작들을 공간적이고 감정적으로 연장된 풍경과 함께 묘사함으로써 경악하는 소녀의 느낌이 배경에 배어나도록 표현한 반면, 마네는 의도적으로 이러한 선례를 전복시켜 여성과 이어지지 않는 스튜디오 배경 앞에 놀란 님프를 앉혔다(**Krauss** 참조). 나아가 드가의 작품에서는 살갗이 맞닿는 욕조, 수건, 비누, 물 등에 목욕하는 여성의 주의가 집중된 것을 볼 수 있다. 드가는 그 밖의 사물은 가능한 한 최소한으로 표현하는데, 그것은 누드와 물의 접촉이 가정 공간 안에서 일어나고 있다는 것을 보여주기 위해서다. 그의 붓질로 그려진 피부는 물의 표면을 모사하고 있다. 그는 일지에 이렇게 적었다. "내가 그린 여성들은 소박하고 단정한 사람들이며, 몸을 씻는 일에 완전히 몰입하고 있었다." 드가 작품 속의 목욕하는 여성들은, 그의 회화 기법에서 볼 수 있는 것처럼, 자신의 누드를 단장하는 데 몰두하고 있을 뿐이다.

판 리에르(E. N. Van Liere)는 이렇게 설명한다. "목욕하는 사람의 이미지는 19세기 프랑스 회화의 서사에 관한 서사를 제공한다." 예술의 역사 안에서 일어난 드라마뿐 아니라 그 역사의 주된 줄거리에 관한 드라마를 보여준다는 의미이다. 쿠르베에 관해서는 도시의 물과 누드가 엮임으로써 금줄 한 가닥이 만들어지면, 공공용수 활용이 지닌 상징적 의미를 분석하기가 어려워진다. 예컨대 우리는 댈러스의 수도관 속을 흘러 다니는 질료를 단장해줄 건축가로 누구를 선택할지에 관해서는 모두 공개적으로 토론할 수 있다. 그 물을 전시하고 반짝반짝 춤추게 할 방안에 대해서도 자유롭게 반박할 수 있다. 하지만 물의 자연적 아름다움 자체에 대해서는 함부로 의문을 제기하지 못한다. 인정하기 어렵겠지만 우리는 이미 알고 있기 때문이다. 그 '질료'가 변기 물을 재활용한 것이라는 사실을.

'질료'의 역사성

나는 H_2O가 지닌 '본질적 아름다움'이라는 것에 대해 질문을 던지고자 한다. 댈러스 문화인문학연구소가 타운레이크를 둘러싼 논의에 기여할 그들만의 이야기를 하자고 요청했기 때문이다. 우리는 "도시가 어떻게 돌아가야 하는가"의 문제에 도움이 되는 범위에서 '물과 꿈'에 대해 토론하도록 초청을 받았다. 컨퍼런스 제목은 연구소 소속 연구자가 번역 출간한 책 제목에서 따왔다. 그가 번역한 『물과 꿈』은 가스통 바슐라르가 40년 전에

파웰(Farwell)을 참조했다.

쓴 저서다.[2] 이 책은 우리가 물질(matter)에 대해 상상하는 방식, 그러니까 우리 상상에 따라 윤곽과 형태가 주어지는 저 '질료'(stuff)들을 분석한 에세이 시리즈 가운데 한 권이다. 나는 '질료'와 그 형태를 구별한 바슐라르의 연구를 읽으면서, 도시를 이루는 두 종류의 물질 즉 도시 공간과 도시의 물이 어떻게 상상력에 의해 관계를 맺는지 곰곰이 따져보았다.

물과 공간의 상호관계는 대체로 두 가지 다른 층위에서 탐구되는 듯하다. 한 층위는 '형태'(form)를 다룬다. 이 층위에서는 한 시기의 상상력이 도시 공간과 도시의 물에 어떤 미학적 특징을 공통으로 부여했는지에 초점을 맞춰 둘을 비교한다. 그것들을 지각하고 재현하는 양식에 그 시대가 어떤 영향을 주었는가가 시 또는 회화, 조각 또는 꿈에 대한 이러한 접근법의 핵심을 이룬다. 이런 접근법에서는 "바로크 예술은 어떻게 물을 이용하고 보여주었나?"라고 질문한다. "그 시대에 물은 무엇으로 생각되었나?"가 아니다. 이런 층위에서 보면, 물은 그 자체의 역사가 없다. "태초에 지구가 꼴을 갖추지 못하고 미완의 상태였던 때" 이래로 물은 그저 H_2O일 뿐이다. 이러한 가설을 따르면, 이 세상의 모든 창조 이야기들은 같은 질료를 놓고 그 근원을 말하고 있

---

2 가스통 **바슐라르**(Gaston Bachelard), 『물과 꿈』(이가림 옮김, 문예출판사 1980). 나는 **후설**(E. Husserl)의 번역자를 따라 영어로 'stuff'(질료)라는 용어를 선택했다. 비록 후설과 같은 인식론적 의미로 그 용어를 사용하는 것은 아니지만.

는 셈이 된다. 질료란 무역사적인(a-historical) 것이기 때문이다.

나는 이런 방식으로 물에 대해 탐구할 생각이 없으며, 그 점에서는 공간이나 그 둘을 합친 상상의 결합체에 대해서도 마찬가지다. 출발점에서부터 나는 모든 물이 H_2O로 환원될 수 있다는 전제를 받아들이지 않을 것이다. 데카르트식 좌표 혹은 인구조사 기준에 따라 도시 공간을 일반화하여 정의하는 방식은 따르지 않으려 한다. 시대마다 물과 공간을 대하는 다른 관점의 역사가 있기 때문이다. 상상력에 의해 모양을 갖추고 그럼으로써 뚜렷한 의미를 띠게 된 실체들은 어느 정도는 사회적으로 만들어진 것이라고 보아야 한다.[3]

내가 탐구하고자 하는 것은 바로 이런 물질의 역사성이다. 캔버스 위에 그 시대가 상상한 것들을 그리고, 고요한 방안에 그 시대 음악을 흐르게 하고, 그 시대가 맛보고 맡을 수 있는 분위기로 공간을 채우는, 그런 시대적 상상력이 가진 의미를 탐구하고 싶다.[4] 이런 시도가 새로운 것은 아니다. 또한 그 시도가 늘

3 이런 생각은 예컨대 (1) 물, 대기, 장소는 창조주가 인간을 위해 구상한 것들이라는 생각, 그리고 (2) 그것들이 각 문화와 상호 연관되어 있으며, **글래컨**(Glacken)의 말대로 산업화 이전의 모든 사회가 가진 역사적 특이성을 결정짓는다는 생각과도 통한다. 17세기 후반 무렵부터 인간은 스스로를 지리적인 행위자로 이해하기 시작한다. 그리고 20세기 후반이 되어서야 주어진 시대에 따라 풍경을 사회적으로 지각하는 것이 사회 스타일을 반영할 뿐만 아니라 현실의 의미를 강화하고 형성하는 사회적 힘임을 이해하게 되었다. 이러한 논지는 **패브리컨트**(Fabricant)가 세밀하고도 강력하게 주장한 것이며, 최근에는 **스태퍼드**(Stafford)와 **조더노바**(Jordanova)가 선명하게 보여주었다.

4 앙드레 **말로**(André Malraux)는 『서양의 유혹』(김웅권 옮김, 동문선 2005)에서 같은

실패했다는 증거가 있다 해도 새롭게 다시 시도하는 것을 막아야 할 이유는 되지 못한다. 17세기 멕시코 시인 산도발 사파타(Luis de Sandoval y Zapata)가 이 질료를 '생명의 미망인'(life's widow)이라 부르면서 그 역사를 바로크풍의 시로 썼던 것처럼. 사뮈엘 베케트는 그 시를 영어로 이렇게 옮겼다.

「태초의 물질에게」

얼마나 여러 번 모습을 바꾸는지
생명을 불어넣는 물질, 그대는 존재한 적이 있는가?
달콤한 재스민 향내 감도는 눈 속에서
그대는 창백한 잿더미가 되어 견디고 있구나.

그대는 두려움 속에서 자신을 드러낸 채
꽃들의 왕, 보라색 옷을 입고 있네.
죽음의 형상들 속에서 그대는 죽지 않고,
필멸의 존재들이 그대에 의해 불멸한다.

그대는 이성의 빛에도 결코 깨어나지 않고,

맥락으로 이렇게 말한다. "당신들은 인간에게서 어떤 느낌들을, 그리고 이 느낌들의 가장 공통적인 원인을 분간해냈다. 그러나 당신들도 보듯이, 인간이라고 부르는 것 안에는 실존하지 않는 어떤 영원한 것이 있다. 당신들은 물고기들의 움직임을 정성껏 기록하지만 그 물고기들이 물속에서 살고 있다는 것은 보지 못하는 매우 진지한 지식인들과 닮아있다."

눈에 보이지 않는 날개 달린 시간의 치명적 공격에도
그대는 결코 죽지 않는다.

그렇게 많은 죽음을 겪고도, 그대는 왜 철들지 않는가?
그대는 누구인가, 부패하지 않는 본성을 지닌 그대는
그토록 많은 생명을 여의어 미망인이 된 그대는?

물이라는 '질료'

우리가 '물' 또는 '불'이라고 부르는 실체는 문화와 시대에 따라 다르게 인식되었다. 물은 언제나 이중적이다. 원래 한 쌍으로 상징되며, 태어나기 전부터 서로의 팔에 안겨 있는 쌍둥이 같은 형상으로 표현되는 경우가 많다. 우주가 창조되기 전부터 존재했던 것들은 물에 감싸인 채로 있었다. 물은 젖이 흐르기도 전에 영양을 공급해준 혈액이다. 많은 사물들이 물이 될 수 있었다. 몇몇 문화에서는 바다의 짠물이 피와 다르듯이 갈증을 풀어주는 물도 그것들과 다르다고 여긴다. 반면에 어떤 정글 문화에서는 무수히 다른 징후로 나타나는 물을 하늘과 땅으로 인식한다. 브라질과 베네수엘라 국경지대의 인디언들 중에는 사람이 죽으면 물로 변하고, 7년이 세 번 지난 뒤에 여성이 되어 땅으로 돌아오며, 그것이 바로 이슬이라고 믿는 부족이 있다.

물과 불의 경계도 달라질 수 있다. 인도의 베다 신화에서 '소마'(*soma*)는 모든 존재를 감싸고 있으며, 태양 주위에서 주기적으로 늘어났다 줄어들었다 하는 불이다. 그것은 또한 마실 수 있는 불이기도 하다. 아랍어에서 '알-코홀'(*al Ko'hol*)은 수은을 승화시켜 얻는 미세한 금속가루를 말하는 것으로, 여성을 치장하는 데 주로 사용되었다. 눈꺼풀에 바르면 여자들을 취하게 한다고 믿었다. 포도주에서 알코올을 분리한 중세 말의 의사 파라켈수스(Paracelsus) 이후로는 포도주의 취하게 하는 힘이 물의 정기*에서 비롯된 것이라고 생각했다. 그래서 물기를 머금은 바로 그 '질료'가 형태 그대로, 바라보는 사람의 눈에도 들어간다고 믿었다.

내가 굳이 형태를 낳은 상상력과 형태 없는 '질료'의 원천이 된 상상력을 구분하는 것은, 가스통 바슐라르가 기왕에 마련해 놓은 토대가 있기 때문이다. 책에서 그는 상상의 두 가지 상호 구성적 측면, 즉 형태적인 것과 물질적인 것 사이의 근본적이고 뚜렷한 차이로 되돌아가곤 한다. 그러나 우리는 형태와 물질에 대해 상상할 때 두 가지를 분리해서 이해할 수 없다. 두 가지는 상호 의존해서 존재하기 때문이다. 불이라는 원소로부터 열정의 경험을 분리시킬 수 없고, 열정 없이 불을 상상할 수 없다는 사실은 두 가지가 항상 같은 원리의 다른 판본(version)으로 지각된다는 것을 의미한다.

---

* spirit. 영어에서 증류주, 독주를 일컫는 '스피릿'이라는 말이 여기에서 유래했다.

사랑, 난롯가, 분노, 전쟁, 열정은 불붙는 것들이다. 그것들은 불로 생각되는 '질료'에 접촉하여 타오른다. 각 문화권마다 불붙기 쉬운 것들과 불붙지 않는 것들을 가르는 분계선이 있어서 서로 다른 방식으로 실재 세계를 나누곤 했다. 멕시코 남부에 같은 영토를 공유하는 두 부족이 있다. 한쪽 부족에서는 여성이 남성의 욕망에 불을 붙인다고 생각한다. 다른 부족은 여성이 남성의 내장을 녹여버린다고 생각한다. 그러나 두 부족 모두 물을 상상하게 해주는 이미지, 각종 어휘, 기분, 촉각적 경험, 불빛 등의 집합적 감각을 가지고 우리 내면에 어렴풋하게 존재하는 고정적이고 밀도 높고 느리고 기름진 유동성 질료에 접근한다. 그것은 따로따로 나뉜 감각으로는 잡을 수 없는 곳에 있기 때문이다. 바슐라르의 말대로 그것은 "어둠이라는 물질 속에서 만개한 검은 꽃들"이며, 상상력에 의해 그것들이 "실재함을 노래할" 때 눈에 보이게 된다. 이제 역사가들도 이런 "잠자고 있는 물의 반향"에 귀 기울이고 물질의 역사를 민감하게 느낄 때가 되었다.

꿈의 강 상류로 거슬러 올라가다 보면, 역사가들은 그 광활한 음역의 목소리를 식별하는 법을 터득하게 될 것이다. 깊은 물의 음악이 귀에 익숙해지면, 역사가는 강과는 이질적인 불협화음을 들을 것이다. 현대 도시의 배관을 따라 흐르는 소리다. 그는 댈러스의 배관 속을 쏴 하고 흘러가는 H_2O가 물이 아니라 산업 사회가 창조한 물질임을 깨닫게 될 것이다. 20세기가 물을 원형의 강물과 섞일 수 없는 액체로 변형시켰음을 알게 될 것이다. 일군의 건축가들에게 충분한 자금과 함께 물을 판결하고 추방할 권력을 폭넓게 부여한다면, 그들은 하수를 가지고도 자기들의 미적 기준을 충족시키는 액체 기념물을 꽤나 훌륭하게 만들어낼 것이다. 하지만 물과 기름이 섞이지 않듯이 원형의 강물은 이 새로운 '질료'와 적대적이기에, 나는 이 액체 기념물과 접촉한 탓에 댈러스 어린이들의 영혼에 물의 꿈이 스며들지 못하게 될까봐 두렵다. 이런 두려움을 말한다고 해서 내가 별로 비용도 들지 않은 보트 계류장을 호수에 설치하거나, 도시를 시원하게 식히고 화려한 야경을 제공하는 것에 이의를 제기하려는 것은 아니다. 놀잇배, 기온, 물에 비치는 고층빌딩 불빛은 지금 나의 관심사가 아니기 때문이다. 나는 물과 꿈에 대해 이야기하기를 원한다. 재활용한 변기 물을 물과 도시 공간의 결혼이라는 미학적 상징으로 위장하여 공공연하게 전시하는 일이 어떤 도덕적, 심리적 결과를 가져올지에 대해 짚어보려는 것이다.

거주 공간—서식처도 아니고 차고도 아닌 곳

물이라고 하는 이 형언하기 힘든 질료를 냄새, 외양, 맛, 촉감 등을 통해 구별하는 방법은 도시 공간에도 동일하게 적용된다. 각 문화는 저마다의 공간, 즉 그것이 바로 문화가 되는 공간을 형성한다. 뒤르켐의 예리한 지적대로, 공간은 철학자들이 상상하듯 균질적인 환경이 아니다.[5] 공간은 각 문화에 깃들어 있는 비대칭적 상호보완성(asymmetrical complementarity)에서 비롯된 사회적 창조물이다.

"어디에 사시나요?"와 "어디에 거주하시나요?"는 같은 말이다. 서구어가 아닌 다른 언어에서도 마찬가지다. 특이하게도 어디서나 이렇게 의미가 통한다는 것은, 전통적으로 '살아가는 것'(living)과 '거주하는 것'(dwelling)이 동일한 의미였음을 말해준다. 하나는 존재의 시간적 측면을, 다른 하나는 공간적 측면을 강조할 뿐이다. 거주한다는 것은 어떤 사람이 남긴 삶의 자취 속에서, 그러니까 조상의 삶을 따라 살아간다는 것을 뜻한다. '거주하는 것'이 이렇게 명확한 의미를 띨 때는 '살아가는 것'과 구별하기가 정말 어렵다. 거주자들은 하루하루 그의 환경을 만들어나

---

5 "공간은 칸트가 상상했던 것처럼 모호하고 불확실한 장(場)이 아니다. 그처럼 순수하고 절대적으로 균질한 형태의 공간이라면 전혀 쓸모가 없을 것이고, 심지어 파악하기도 힘들 것이다. 공간 표상은 우선 본질적으로 감각 경험의 조직화를 통해 만들어진다. 그러나 공간의 각 영역들이 서로 대체할 수 있을 만큼 질적으로 동등하다면, 이러한 조직화는 불가능할 것이다. 사물들을 공간에 위치시키려면, 그것들을 서로 다른 곳에 놓을 수 있어야 한다. 예를 들면 어떤 것은 오른쪽에, 다른 것은 왼쪽에… 어떤 것들은 위에, 다른 것들은 아래에…. 분할할 수 없거나 구분하지 못한다면 공간은 더 이상 공간일 수가 없다…. 그런데 이러한 구분은 각 영역에 감정적 가치를 다르게 할당하는 것으로부터 비롯된다. 또한 같은 문명권에 속한 사람들은 모두 같은 방식으로 공간을 상상하기 때문에… 그들이 부여하는 감정적 가치는 불가피하게 유사할 수밖에 없다. 감정적 가치는 사회적 기원을 갖는 게 거의 명백하기 때문이다"(Emile **Durkheim**, 15쪽).

간다. 모든 발걸음과 행동거지 속에서 사람들은 거주한다. 따라서 전통적 의미의 거주는 결코 종식되지 않을 것이다. 사원과 궁전들만이 '종식'될 뿐, 집들은 계속 늘어날 것이다.

거주란 매순간 형성되고 있는 공동체 고유의 공간[6] 안에서 생

---

6 땅에 뿌리내린 토박이 거주 공간과 산업화된 빌딩 지역 사이의 차이는 뚜렷하다. 전자는 관습의 통제를 받는 토박이 '공유지'이고, 후자는 공식 법의 통제만 받는 경제 상품이다. 이 명백한 차이점은 존 **터너**(John Turner)가 일련의 논문들을 발표하면서 공론화되었다. 정책입안자들과 건축가들의 생각에 큰 영향을 준 터너의 이 실천적 통찰에 나는 기회 있을 때마다 역사적 관점을 추가하려고 했다.

거주-공간은 수많은 특징을 지니며, 그 각각은 인간을 단지 보관만 해주는 주택 공간과 여러 면에서 대조를 이룬다. 거주-공간은 (1)제한적이고, (2)동심원 형태이며, (3)젠더 구분이 있고, (4)관습의 지배를 받는다.

(1) **쇼뉘**(Chaunu)는 13세기부터 18세기까지의 프랑스 시골 공간을 연구하면서, 각 마을이 가진 물질적 재화의 90퍼센트는 반경 2킬로미터 이내에서 이루어진 활동의 결과물이라는 사실을 발견했다. 2킬로미터라는 반경은 산업화되기 이전 유럽 마을의 특징이다. 다른 농업 문화와 비교해 보면 범위가 넓은 편이다. 인도의 데사(*desa*, 마을)는 거세한 수소가 어렵지 않게 쟁기질을 할 수 있는 거리를 반경으로 한다. 이 반경을 정하는 것이 암소이기에 암소를 신성함의 상징으로 본다. 이렇게 정해진 마을 면적은 당나귀와 말을 기준으로 삼은 중세 후기 유럽 마을에 비하면 3분의 1 정도에 그친다.

(2) **카르노슈**(Karnoch)는 1950년까지만 해도 프랑스 마을 주민들이 공간을 사회적 거리에 따른 세 개의 동심원으로 이해했다고 한다. 첫째는 생활의 대부분을 영위하는 마을 공간, 둘째는 이방인은 아니지만 외지인으로 취급되는 사람들이 사는 골짜기, 셋째는 개별 가족들만이 간간히 친족관계로 다른 마을과 연결되어 있는 '지역'이다.

(3) 거주 공간은 남성과 여성의 영역이 맺고 있는 비대칭적 상호보완 관계로 말미암아 언제나 '젠더 구분'이 되어 있는 환경이기도 하다. 이 주제에 관해서는 **일리치**(I. Illich)의 『젠더』(허택 옮김, 사월의책 2020) 109쪽 이하, **로저스**(Rogers), **아드너**(Ardener)를 참조하라. 물리학에서의 비대칭성에 대한 소개는 **프리쉬**(Frisch)를 참조하라.

(4) 시골이든 도시든 토박이 공간을 이루는 각각의 테두리는 일련의 고유한 관습들에 의해 만들어지고, 고유한 의례들을 통해 표현된다. 이러한 관습들과 의례들은 가족구성원들, 이웃들, 마을들이 서로 얼마나 가깝고 먼지 경험하게 해준다. 이런 경험의 결과로 만들어진 '공간'은 데카르트적인 공간과는 전혀 다른 것이다. **오트**(A. A. Ott)와 **졸라**(Jolas)의 논문에서 그런 사례들을 볼 수 있다. 또한 언어는 이런 거주 공간의 토박이 주

활한다는 것을 의미한다. 이런 토박이 활동(vernacular activity)의 결과로 만들어진 거주지는 동물의 서식처와 구별해야 하며, 마찬가지로 상인들의 창고와도 구별해야 한다. 동물들은 그들의 행동을 지시해주는 본능을 가지고 태어난다. 유전자의 명령에 따라 둥지 또는 거미줄, 굴 또는 구멍을 만든다. 하지만 거주지는 이처럼 번식을 위해 확보한 은신처가 아닌, 문화에 의해 형성된 것이다. 거주활동은 생물학적 프로그램으로는 환원될 수 없는 인간 존재의 역사적 측면을 어떤 예술보다도 완벽하게 표현한다. 거주지는 영역 본능에 따라 차지한 장소가 아니며, 차고일 수도 없다.

거주지가 차고일 수 없다는 이 두 번째 측면도 첫 번째만큼이나 중요하다. 왜냐하면 적극적 거주활동이 댈러스에서는 거의 불가능해졌기 때문이다. 댈러스 시민들은 도시 공간에 자신의 삶을 새겨 넣을 능력을 잃었다. 그들이 '집'에 대해 하는 일이란 사용하거나 소비하는 것뿐이다. 자기 집에서 벽의 위치라도 바꿀 수 있으려면 그는 아주 잘살아야 한다. 이러한 상황을 개탄할 필요까지는 없겠지만, 더 연구해볼 가치는 있을 것이다. 오늘날 대부분의 사람들은 낮 시간을 보낸 장소에 거주하지 않으며,

---

체들을 뚜렷하게 반영한다. **베르디에**(Verdier)의 책을 보라. 같은 장소에서 공동 거주하는 다른 문화권 출신자들의 경우, 거주 공간을 뚜렷하게 의식하면서 산다는 것도 짚어둘 만하다. **그레버루스**(Greverus), **부갈리**(Boughali), **팽고**(Pingaud), **무냉**(Mounin), **로런스**(Lawrence)를 참조하라.

밤 시간을 보낸 장소에도 아무런 흔적을 남기지 않는다. 낮에는 사무실 전화기 옆에서 시간을 보내고, 밤에는 차고 옆 칸에 들어가 몸을 주차시킨다. 아무리 그들이 전통적 방식으로 거주하기를 원한다 해도, 댈러스를 이루고 있는 물질적 재료에는 그들의 자취가 기록되지 않는다. 살아가는 과정에서 사람들이 어렵사리 남긴 자취는 제거해야 할 땟자국으로 간주된다. 닳고 해어져서 수리해야 할 것으로, 상당한 비용을 들여 감각상각 처리를 해야 할 것으로 취급한다. 댈러스의 공간들은 이들 단기체류자들에게 '안전'하고 무해할 뿐 아니라, 생명과의 접촉으로 인해 마모되지 않도록 딱딱하게 만들어 '인체검증'까지 거친 곳이다. 이런 이유로 댈러스를 인구조사 단위들로 구획할 때도 거주 영역은 따로 구분하지 않는다. 아이들은 살아가는 곳으로서의 거주 공간을 한 번도 경험하지 못한 채 자라나서 죽는다. 거주 능력은 퇴거자만이 가질 수 있는 특권이 되었다.

거주가 아직도 보통사람들의 손에 맡겨져 있는 나라는 이른바 개발도상국들뿐이다. 이들 후진국에 사는 가난한 이들은 여전히 거주 공간을 손수 해결해보려고 한다. 신진관료와 교육책임자의 시각에서는 주민들이 여전히 "자신들이 버린 오물 위에서 사는" 것처럼 보이겠지만 말이다. 하늘에서 보면 무질서한 조각보처럼 보일 테지만, 그곳에서도 삶은 공간을 만들어낸다. 그러나 개발은 판잣집들을 가차 없이 슬럼으로 만든다. '살아가는 것'과 '거주하는 것' 사이의 심연이 둘을 분리하여 이전에는 알지 못했던 활동들로 만들었음을 깨닫게 되면 자기 연민에 빠지기가 쉽다. 하지만 그런 인식은 행동을 부르기도 한다. 일부에게는 잃어버린 '온전함'에 대한 낭만적 갈망을 일으키기도 할 것이다. 나는 그것을 출발점으로 삼아 도시의 거주 공간을 부분적으로나마 재구성할 수 있는 조건이 무엇인지 탐구하고 싶다.

이 글에서 나는 물에 초점을 맞추어 그런 조건 중 하나를 성찰해보고자 한다. 내가 논의하려는 것은 상품으로서의 물이 아니며, 물 소비나 오염에 대한 것도 아니다. 무분별한 지하수 개발의 생태학적 영향도, 수질 오염의 생물학적 영향도 아니며, 심지어 물의 불평등한 분배를 다루려는 것도 아니다. 물론 멕시코시티처럼 3퍼센트 가정이 전체 물의 60퍼센트를 쓰고, 50퍼센트 가정이 겨우 5퍼센트의 물을 나눠 쓰는 곳도 있다. 중요한 문제들이 더 있으나, 그런 문제들은 물을 다른 측면에서 다룬다. 내가 말하고자 하는 것은 거주 장소로서 꿈을 꾸는 도시가 되려면 어떤 물이 필요한가 하는 점이다.

나는 우선 삶의 공간이 본질적으로 어떤 곳인지 그 개념을 확장하고자 한다. 그러고 나서 도시 공간의 세 가지 유형에 대해 말할 것이다. 샘에서 솟는 물, 배관 속을 흐르는 물, 순환되는 물이 그것이다. 마지막으로 나는 도시 아이들을 꿈꾸게 하는 물을 어떻게 회복할 것인가 하는 원래의 질문으로 돌아갈 것이다.

제2장

공간

The Space

의례로 창조된 공간

사람들은 실재하는 것에 대한 이미지를 떠올릴 때는 상상력을 발휘하지 않는다. 오히려 눈에 보이지 않는 존재의 이미지를 만들 때 상상력을 발휘한다. 상상력은 말하자면 '실재함을 노래하는' 능력이다. 다른 무엇보다도 고전적 의미의 마을 또는 도시*가 이런 종류의 의례적 노래일 것이다. 그것의 원천은 꿈이다. 모든 도시 문화는 나름의 의례 절차를 갖고 있기 마련인데, 그것을 통해 '안에 머물며 흐르는 삶'의 꿈을 거주 공간이라는 사회적 표상에 반영한다. 오두막이나 천막이 모여 있다가 정착지나 마을로 변하는 것은 단지 그 공간이 실체적으로 넓게 트인 지역이어서가 아니다. 그 장소가 의례적으로 인식될 때, 다시 말해서 그곳이 '바깥세계'와는 대비되는 곳이고 그 공간을 가로지르는 통로가 길이라고 인식될 때, 그런 일이 일어난다. 서구 문화에서 내부 공간과 도시 형태가 어떻게 형성되었는지를 인류학적으로 조망해보고자 하는 이에게, 가장 신중하고 박식한 안내자는 조지프 리퀴트일 것이다. 특히 『마을의 이념』에서 보여준 빼어난 설명들이 그러하다. 나는 그의 통찰에 의지해서 고대세계 일반과 특히 로마 이전 문명인 에트루리아에서 도시 공간을

* 원문에서는 마을(town)과 도시(city)를 특별히 구별하지 않고 쓴다. 단, 농촌이나 원시부족의 마을을 가리킬 때는 'village'를 쓴다.

만든 의례들에 대해 살펴보고자 한다.[7]

고전 문화에서 도시 창설은 보통 도시를 처음 세운 사람이 꿈 속에서 소명을 받으면서 시작된다. 그 문화의 영웅인 헤라클레스가 미스켈로스*의 꿈에 나타나 식민지를 건설하도록 맡긴 것도 그러하다. 하지만 그것은 이웃들의 뜻이나 나라 밖을 나가지 못하게 한 아카이아 법에는 완전히 어긋나는 일이었다. 그래서 그의 사업이 투표에 붙여졌을 때, 신은 '반대'를 뜻하는 검은 돌을 '찬성'의 흰 돌로 바꿔버리는 속임수까지 써야 했다. 대부분의 창건자들은 몽환적 상태에서 받은 계시에 이끌려 새로운 도시가 세워질 장소에 다다른다. 상처 입은 사냥감, 기이한 새, 구름 또는 번개를 따라 신이 선택한 장소에 도착한다. 가령 트로이에서

---

7 이하 본문에서 '제막식'(inauguration)에 관한 상세한 설명은 **리쿼트**(Rykwert)에 의존했지만, 자료는 **니센**(Nissen)과 **울프슨**(Wolfson)의 책에서(서문, 1쪽, 242쪽 이하) 주로 가져왔다. **노르덴**(Norden)의 책은 집과 관련된 의례들을 다루고 있다. 제막식 또는 개통식이라는 개념에는 기독교 신학과 우화에서 매우 중시하는 사후 세계에 관한 생각이 들어있다. 그 개념은 중세 교회를 봉헌할 때 거행한 전례에도 반영되어 있다. **올리**(Ohly)의 책 255쪽 이하를 참조하라. **마우어만**(Maurmann)은 힐데가르트 폰 빙겐과 오노리우스 아우구스토두넨시스가 천상의 예루살렘에 대해 가졌던 관심에 대해 다루는데, 이 주제에 관해서는 **노보트니**(Novotny)의 책도 참고할 만하다. 제막식과 관련된 용어들 가운데 '테스쿰'(*tescum*, 황야)은 '템플룸'(*templum*, 경내 또는 성역)의 반대말이다. '테스쿰'의 완전한 의미는 여전히 모호한 채로 남아있긴 하지만 말이다. 로마의 학자 바로(Varro)의 『라틴어에 대하여』(*De Ligua Latina* 7, 10)에는 테스쿰에 대해 "열려 있는 장소란 신의 것에 속한다는 의미와 같다"(*loca quaedam agrestia, quae, alicuius dei sunt*)는 설명이 나온다. 이런 신비적 공간에 대해서는 **란돌트**(Landolt)와 **코르뱅**(H. Corbin)을 참조하라.

* Myskelos. 그리스 아카이아 출신으로 나중에 이탈리아 남부의 도시 크로톤을 세웠다고 하는 그리스 신화의 인물.

탈출한 아이네이아스는 암퇘지를 좇아 그 짐승이 새끼를 낳는 장소에 이르게 되는데, 후일 그곳에 로마의 전신인 알바 롱가가 세워진다. 마찬가지로 미스켈로스에게도 델포이 신전의 신녀가 꿈에 취한 말로 운명의 정착지를 예언해준다. 그녀는 미스켈로스에게 크로톤—나중에 피타고라스가 등장하게 될 도시—으로 가라고 한다. 또한 상인 아르키아스에게는 시라쿠사에 가서 부호가 될 것이고, 그곳에서 연인의 손에 의해 죽을 것이라고 예언하기도 한다. 이처럼 도시 창설과 관련된 꿈은 모호하게나마 늘 앞날의 운명을 배태하고 있다.

그러나 도시 창건자에게 부여된 소명도, 델포이 신탁에 의한 위임도, 그 장소에 실제 정착지를 세우는 행위도, 한 지역이 도시로 세워지는 조건으로는 충분치 않다. 공인된 예지자의 개입, 곧 창건자가 발견한 장소에 공간을 설계할 예언자(an augur)가 필요하다. 공간을 이처럼 사회적으로 창조하는 것을 제막식(in-auguration, 준공식)이라고 부른다. 예언자는 특별한 능력을 부여받은 사람이다. 그는 보통의 인간에게는 보이지 않는 천체들을 볼 능력이 있다. 그는 창공에서 도시의 템플룸(*templum*, 區劃 또는 聖域)을 본다.* 이 용어는 그가 하는 일을 말해주는 기술적 어휘이기도 하다. 템플룸은 다각형 모양을 하고 있으며, 창건자

* 저자가 앞 문단에서 피타고라스를 언급한 이유이다. 피타고라스는 세상을 기하학적 질서로 이해했으며, '관조'를 통해 그 신비에 다가갈 수 있다고 본 인물이다.

가 발견한 장소의 하늘에 맴도는 것이다. 그것은 제막식을 거행하는 예언자의 눈에만 보인다. 새들의 비행, 구름의 궤적, 희생 제물의 간(肝)이 예언자를 도와 콘템플라티오(*con-templatio*, 관조 곧 템플룸을 보는 행위)에 들도록 해주기도 한다. '관조'는 그가 하늘에서 본 형상을 신이 점지해준 장소에 투사하는 행위이다. 이러한 콘템플라티오 행위를 통해 천상의 템플룸은 땅위의 윤곽을 얻게 된다.

그러나 콘템플라티오로는 부족하다. 템플룸의 윤곽은 별들(*sidus*)의 배열에 맞춰 적절하게 숙고되기(con-*sider*) 전까지는 땅위에 터 잡을 수 없다. 콘템플라티오 다음에 콘시데라티오(*con-sideratio*)가 이어져야 하는 것이다. 콘시데라티오는 템플룸의 축(*cardo*)을 도시의 별에 나란히 정렬시키는 일이다. 여기서 '카르도'는 원래 문의 지도리(경첩)를 가리키는 말로, 명시적이고 구체적인, 남성-여성이라는 상징성을 지닌 용어이기도 하다.

제막식은 도시의 각 부분에 오른쪽과 왼쪽, 전면과 후면 같은 이름을 붙이고, 그렇게 가시화된 공간들에 내용을 부여함으로써 마무리된다. 즉 문두스(*mundus*, 세상)를 위한 공간이라든지, 지하세계로 가는 입구를 설정하는(*de-signatio*) 일이다. 여기서 지하세계는 다른 세계로 가는 불의 문인 아궁이(*focus*) 근처에 입을 벌리고 있는데, 이곳으로부터 복수의 3여신인 에리니에스가 지상으로 출몰한다.* 그러나 예언자의 몸짓이나 신호 중 어느 것도 땅위에 가시적 흔적을 남기지는 않는다. 그곳 거주자나 체제가 본보기로 삼는 모델 안에 새겨져 그 일부가 우리에게 전해올 뿐이다. 예언자의 행위는 머잖아 구체화될 오른쪽과 왼쪽의 대치와 결혼을 그려냄으로써 공간에 주술을 거는 것뿐이다. 이 비대칭적인 템플룸과 실제 풍경 사이의 결혼은 도시 창건자 자신이 수행해야 할 일이다.

이 예식을 위해 흰 수소 두 마리에게 청동 쟁기를 끌게 하고, 암소는 안쪽에서 시계 반대방향으로 쟁기를 끌면서 땅에 템플룸을 새기게 한다. 이렇게 새겨진 고랑은 신성한 원을 그린다. 그 위에 세워질 성벽처럼 고랑은 신의 보호를 받으며, 이 고랑을 넘어가는 것은 신성모독이다. 이 원을 열려있게 하려고, 쟁기질하는 이는 도시의 문이 세워질 장소에 이르면 쟁기를 들어올린다. 출입구(*porta*)를 만들기 위해 쟁기를 들어 운반하는(*portat*) 것이다. 불멸의 존재들이 고랑과 성벽을 수호하는 것과 달리, 문턱과 문이 사람들의 법적 소관인 것도 이 때문이다. 이 출입구는 도미

---

* 에리니에스(Erinyes)는 눈에는 검붉은 피, 코에는 불꽃, 머리에는 뱀이 기어 다니는 무서운 모습을 하고 항상 같이 다니는 자매 여신들이다. 아이스킬로스의 비극 『오레스테이아』에서는 부정한 어머니를 죽인 오레스테스에게 저주와 피의 복수를 다짐하는 신들로 나오는데, 아테나 여신의 설득으로 자비의 여신들인 에우메니데스(Eumenides)로 바뀐다. 즉 에리니에스는 원래 여성들을 가호하는 원시적 가족신의 역할을 하다가, 차츰 공동체적 질서를 따르는 신으로 바뀐 것으로 해석되곤 한다. 저자는 도시 창건이 안과 밖, 이승과 저승, 남녀 젠더의 이원성에 기초한다는 것을 강조하기 위해 에리니에스의 공간을 언급하고 있다.

(*domi*, 거주공간)와 포라스(*foras*, 문턱 바깥)가 만나는 곳이기도 하다. 문은 열어놓을 수도 있고 닫을 수도 있다. 프랑스의 언어학자 에밀 방브니스트는 두 단어가 인도유럽어에서는 전혀 대칭을 이루지 않는, 서로 관련이 없는 단어군에 속한다고 지적한 바 있다.[8] 두 단어가 의미상 너무 멀리 떨어져 있어서 반대말이라고 부를 수조차 없다는 것이다. '도미'는 거주하는 공간 내부를 가리키는 반면, '포라스'는 차단되어 있고 밖에 나와 있는 것이다.

도시 창건자가 장차 도시가 될 경계선에 쟁기질을 하여 최초

---

8 따라서 내부 공간을 만드는 의식이 제막식에 꼭 필요하다는 가정은 잘못일 것이다. 다음에 설명하는 힌두교 성립 이전의 인도 사례가 이 점을 보여준다.

크램리치(Kramrich, 1968)는 밥풀을 가지고 그리는 인도의 바닥그림(*dhulichitra*) 제작법을 설명한다. 이것을 제작하는 일은 여성들만의 배타적 특권인데, 어머니로부터 딸에게로 기술이 전수된다. 훈련은 다섯 살이나 여섯 살 때부터 시작되며, 결혼 가능 연령인 열두 살 전까지 모든 기술을 습득해야 한다. '얀트라'(*yantra*, 명상의 도구로 쓰는 원, 세모, 네모 등의 기하학적 문양)라고 하는 이 그림들은 원래 고대 인도에서 비롯된 것으로 힌두교가 성립된 이후에도 많이 바뀌지 않았으며, 여전히 브라만 여성들 사이에 널리 퍼져 있는 기술이다. 각 얀트라는 목적을 향한 의지를 형상화한 것인데, 이렇게 호출된 비가시적 존재는 얀트라 안에서 각자의 장소를 배정받는다. 여성이 의도하는 목적은 이렇게 하여 제한되고 통제되며 땅에 고립된다. 얀트라의 주술적 원과 신성한 네모꼴 안에서 힘은 주술에 걸려 탈출하지 못하고 결국 공간을 만들어낸다. 이 얀트라들의 기능은 추상적 문양을 만드는 것이 아니라 개념을 형성하는 것이다. 그것들은 여성들 사이에서만 전수되는 직관적이고 기능적인 도형들이다. 해, 달, 별, 땅이 그 안에 합쳐져 있고, 젊은 여성이 욕망하는 것들도 함께 합쳐져 있다. 얀트라를 통해 전 우주가 고무되어 그들을 축복하고 충만하게 해준다. 얀트라는 힌두교 경전인 베다의 승인을 받지는 못했으나, 관례상 사원 건축에서 필수불가결한 것들이다. 그러나 오늘날 가령 남성 탄트라 수행자들이 만다라—아리아인의 도래 이전부터 있었던—를 제작할 때는 여성이 준비한 어떤 음식도 먹을 수 없으며, 여자들의 팔찌나 발찌 소리도 들어서는 안 된다. 크램리치는 질문한다. "그 기예를 발전시킬 능력이 있는 이들에게서 그것을 막으려는 의도가 이 남성들에게 있는 것 아닐까?"

의 고랑을 뜻하는 '술쿠스 프리미게니우스'(*sulcus primigenius*)를 판 뒤에야 비로소 그 내부는 발을 들여놓을 수 있는 공간이 되고, 그런 후에만 신비로운 천상의 템플룸이 땅의 풍경에 뿌리를 내리게 된다. '술쿠스'를 땅에 그리는 일은 여러 측면에서 결혼과 흡사하다. 고랑은 하늘과 땅의 성스러운 결합이자 신과 여신 사이의 성교인 '히에로가미'(*hierogamy, hieros gamos*)를 상징한다. 술쿠스 프리미게니우스는 이런 의미를 특별한 방식으로 재현하는 행위다. 창건자는 장차 도시가 될 장소 둘레에 고랑을 냄으로써 내부 공간을 구체화하고, 그 한계를 정함으로써 바깥 공간을 배제한다. 그리고 나중에 세워질 성벽에서 두 공간을 맞닿게 한다.[9]

---

9 **방브니스트**(Benveniste)는 어원 연구를 통해 어휘들에 들어 있는 사회적 의미를 찾고자 한다. 자신의 책 제1권 10쪽에서 그는 "우리는 의미에 약간의 조명을 비추려 한다. 그러나 다른 이들은 단어가 가리키는 것에만 관심을 두는 것 같다"고 말한다. 그는 안과 밖의 접점을 이루는(hinged) '문'과 '문턱'(오늘날에는 그 실재조차 눈에 잘 띄지 않는)을 분석한 결과, 안쪽과 바깥쪽이라는 두 의미는 상호의존적이어서, 독립된 범주나 둘을 함께 가리키는 범주로는 환원되지 않는다고 주장한다. 원래부터 두 단어는 서로 다른 두 종류의 '공간'을 의미하지 않았다는 것이다. **마이스터**(Meister)와 **헤이트**(Haight)를 참조하라. **포이케르트**(Peuckert)는 유럽 여러 지역의 수많은 민담에서 여행자가 악령에게 쫓길 때 늦지 않게 '안쪽'에 도달해야만 그로부터 벗어날 수 있다는 이야기들을 연구했다. 이러한 민담은 매우 흔한데, 여기에서 그는 안과 밖을 나누는 경계를 두 종류로 구분한다. 즉 마을 영역을 표시해주는 경계와 집의 처마 밑 낙숫물 자국으로 표시되는 경계다. 마을과 집은 서로 다른 질서 아래 있긴 하지만 둘 다 피난처다. **슈미트**(Schmidt)는 의례와 시(詩)에 반영된 표현들을 조사하여 동일한 의견에 이른다. 19세기까지는 '사람이 살지 않는 땅'이라는 용어는 텅 빈 공간 저 너머의 '어디쯤'을 가리켰다. 1차 세계대전이 되어서야 그것은 참호 사이의 공간을 뜻한다는 것이 드러났다. **노르덴**(Norden)과 **트럼불**(Trumbull)도 참조하라.

플라톤의 모성적 공간

현대의 도시 거주자들이 '실체로서의 공간'[10]을 감각하는 것은 매우 어려운 일이다. 우리는 공간을 '질료'로 감지할 수가 없다. 그것을 냄새 맡거나 느낄 수 있는 것으로 생각하지 못한다. 따라서 플라톤이 "명확한 말로 이런 질료[공간]에 대해 설명하는 것은 여러 가지 이유로 지난한 일이겠지만"이라고 한 것도 다소 위안이 되기는 한다. 이 언급은 『티마이오스』(*Timaios*, 49a-52d)에서 아테나 여신의 도움으로 아테네가 건립된 얘기를 하는 중에 나온다.

등장인물인 티마이오스가 '잘 이해가 가도록' 설명해보겠다고 하는 것은 다음 세 가지 주요 원리 가운데 두 번째 것이다. 그 세 가지란 "첫째는 생성의 과정 중에 있는 것, 둘째는 안에서 생성이 일어나는 그곳, 셋째는 생성되는 것이 태어날 때 닮게 되는 형상"을 말한다. 우리의 경우로 말하자면, 아테네라는 구체적 실

---

10 인도철학은 산스크리트어를 사용하기 때문에 모체(matrix)로서의 공간과 위치(location)를 매개하는 공간이 뚜렷이 구별된다. **피요자**(Filliozat, 1969)에 따르면, 일반적으로 질료는 일곱 가지 드라비아(*dravya*, 실체)로 구별되는데, 이것들은 각기 구나(*guna*)라고 하는 속성을 갖는다고 한다. 물, 불, 흙, 바람의 네 가지 원소와 다섯 번째는 라타(*rata*, 시간)라고 하는 것이다. 이것들 외의 두 가지가 우리의 '공간' 관념에 해당하는데, 산스크리트어에서는 그것을 뒤섞지 않고 두 단어로 구별한다. 하나는 아카샤(*akaça*)로, 모든 것을 포함하는 빈 공간을 말한다. "길지도 짧지도 않고, 형상도 맛도 냄새도 차원도 없는, 그저 담을 수만 있는" 공간이다. 다른 하나는 "비대칭의 빈 공간"으로, 물체가 놓이는 조직화된 빈 공간이다.

체가 첫 번째에 해당할 것이고, 아테네가 들어설 터가 되는 공간이 두 번째에 해당할 것이다. 그리고 세 번째에는 템플룸 곧 "다른 것들에 우선하며, 오직 신과 인간들 가운데 신의 친구인 사람만이 아는" 도시의 형상(*idea*)이 해당할 것이다.

대화의 이 지점에서 티마이오스는 이들 원리 가운데 두 번째 것에만 관심을 기울인다. 그는 "모든 생성되는 것을 유모처럼 돌보는 이 수용자를… 우리는 어머니에 비유할 수 있을 것"이라고 말한다. 고(古) 영어에서 그렇듯이 그리스어에서도 '어머니'는 '여성'이 아니라 '자궁'과 동의어였다. "그녀는 본성상 모든 구체적인 인상들이 새겨지는 바탕으로서, 그것들에 의해 흔들리거나 형태를 얻으며, 그것들에 따라 그때그때 다른 모습을 띠고 나타난다." "그런 까닭에 모든 형태들을 받아들이고자 하는 이는 스스로 형상을 지니고 있어서는 안 된다. 이는 마치 향수를 만들 때 제일 우선되어야 할 것이 향기를 받아들일 액체가 가능한 한 아무런 냄새도 가지지 말아야 하는 것과 같다." "그러므로 모든 가시적이고 감각적인 생성물의 어머니인 이 그릇을 흙이니, 공기니, 불이니, 물이라 칭하지 말고… 비가시적이고 아직 결정되지 못한 것, … 신비로운 방식으로 가지적인 것의 성질을 띠고는 있지만 여전히 가장 파악하기 힘든 것이라고 하는 게 마땅하다." 티마이오스는 "모든 생성물들의 그릇이자 유모인" 이것에 대해 다음과 같이 덧붙인다. "우리는 그것에 대해 꿈같은 감각만 가질 뿐, 잠에서 깨어나 그것의 참모습을 결정할 수는 없다." 왜냐하면 그것은 "언제나 떠다니는 영상으로서만" 존재하기 때문이다. 아무리 모든 가시적인 것들이 그로부터 생성된다고 해도 말이다.

이상의 매혹적인 구절들에서 플라톤이 여전히 이야기하는 점은 질료가 꿈과 상상에 속한다는 것, 그러면서도 구체적 이미지를 잉태하고 있다는 것이다. 그러나 플라톤이 이런 이야기를 하는 것은 그가 아직 초창기 철학자이기 때문에, 즉 범주가 만들어지기 이전에 형성된 공간에서 '살아가는 것'과 '거주하는 것'을 경험한 사람이기 때문이다. 아리스토텔레스에 오면, 공간은 더 이상 '질료'로 이해되지 않는다. 플라톤의 '그릇'(*hypdechomene*)은 아리스토텔레스에 의해 존재의 네 가지 원인 가운데 하나인 물질적 재료(*hyle*)로 바뀐다. 아리스토텔레스는 나중에 서구의 공간 의식을 형성하게 되는 공간 관념을 처음으로 정초한 사람이다. 그는 공간을 수용적인 것이 아니라 확장적인 것이라고 보았다. 아리스토텔레스에서부터 '이데아적 도시'는 차츰 법적인 허구에 불과한 것이 되기 시작한다.

앞으로 살펴보겠지만, 플라톤 시대까지만 해도 비가시적 도시는 엄연히 실재하는 것으로 생각되었고, 이후에도 마찬가지였다. 일단 제막식을 하고 나면 도시를 없애는 것은 거의 불가능했다. 도시라는 이념적 공간은 지울 수 없는 것이었다. 성벽이 무너지고 건물이 파묻히고 주민이 노예가 되어도 도시는 살아남았다. BC 146년에 끝난 제3차 포에니전쟁에서 로마의 장군 스키피오는 카르타고를 무인지경으로 만들었음에도 결코 그 도시를 완전히 파괴하지는 못했다. 카르타고를 '갈아엎은' 뒤에야 비로소 그 도시를 없앨 수 있었다. 그러기 위해 스키피오는 신성한 고랑의 흔적을 지워야 했다. 창건 의례에서 세심하게 흙덩이를 쌓아서 구분한 안쪽을 다시 바깥으로 돌려야 했다. 고랑을 갈아엎으라고 명령을 내렸을 때, 스키피오는 아마도 전의 흔적을 '청소'(*lustrare*)하기 위해 헥토르의 시신을 끌고 트로이 성벽을 세 바퀴 돌았던 아킬레우스를 떠올렸을 것이다. 이렇게 하여 트로이는 사라졌다.* 도시의 영혼이 완전히 꺼져야만 그것에 헌신하려는 마음도 불식되고, 야생이 그 장소를 삼킬 수 있는 법이다.

불도저로 밀어버린 공간

스키피오가 카르타고를 갈아엎는 장면은, 리우데자네이루의 빈민가(*favela*)에서 살다가 불도저가 판잣집들을 쓸어버리는 광경을 본 적이 있는 사람에게는 섬뜩한 기분을 불러일으킨다. 서로 어울리지 않는 두 가지 감정이 순간적으로 뒤얽힌다. 데자뷔

---

* 신화에서 카르타고가 트로이 유민들 곧 페니키아(Phoenicia) 사람들에 의해 건설되었고, '포에니 전쟁'(Phoenic War)이라는 이름도 여기서 유래했다는 점에서, 저자는 카르타고의 멸망을 트로이에 빗대고 있다.

의 느낌과 함께 전례 없는 대결을 목격한 충격. 카르타고와 로마의 대결은 서로 동질적인 적들, 같은 종류의 질료로부터 자라난 두 실체가 맞선 사건이었다. 그러나 경찰의 호위를 받으며 불도저들이 등장했을 때는 서로 이질적인 실체가 만난 것이었다. 거주 공간에서 자라난 판잣집 대(對) 설계도면을 기초로 건설된 세계에서 온 침략자의 대결이었다. 원래 이질적인 존재의 폭력성은 과소평가하기 쉬우며, 두 실체의 근본적인 상이함도 그렇게 생각하기 쉽다. 마치 과학소설에서 3차원의 인간과 다차원 우주에서 온 외계인이 마주친 순간처럼 말이다.

하지만 그런 과소평가는 아마도 다른 데서 연유하는 듯하다. 즉 한번 세워진 빈민가는 그 장소를 불도저로 밀어버리는 것만으로는 사라지지 않는다는 것 때문인 듯하다. 몇 주 안에, 심지어 하룻밤 사이에도 같은 빈민가가 그 자리에 다시 생겨날 것이다. 해가 진 저녁 무렵에 수백 명의 가족들이 천막용 장대와 깔개와 젖먹이를 안고 바리케이드를 넘는 장면을 볼 수 있을 것이다. 새벽녘이 되면 줄지어 늘어선 기우뚱한 은신처에서 수십 명의 여자들이 나와, 늘 그랬다는 듯이 근처의 수돗가로 가서 양동이에 물을 채울 것이다. 가장 중요한 부분은, 그들이 이제 막 쫓겨난 사람들과는 전혀 다른 사람들이라는 점이다. 즉 사람들이 아니라 같은 빈민가가 눈에 보이는 삶을 찾아 돌아온 것이다. 예리코가 그랬듯이 마을이 여러 번 되살아난 사례는 드물지 않다.

오늘날의 불도저는 고대의 로마군단이 했던 것처럼 눈에 보이지 않는 공간을 제거할 능력이 없다. 하지만 시멘트는 그것을 뭉개버릴 수 있다. 그 장소에 주차장이나 공공주택이 들어서면 불법점유자들은 다시 돌아오기 어렵다. 고대인들은 의례적 공간을 취소할 수 있는 능력이 있었다. 그런 공간들이 사회적 창조물임을 알고 있었다.[11] 반면 오늘날의 건축가들은 그것을 비난하고 시멘트로 묻어버릴 줄만 안다. 세상이 이렇게 시멘트로 뒤덮이면 거주 공간은 소멸한다. 오직 갈라진 곳과 틈새에서만 살아남

---

11 에트루리아의 건립 의례를 일반화하여 모든 문화가 그 모델을 따라 거주 공간을 의례적으로 창조한다고 본다면, 그것은 중대한 실수가 될 것이다. 이 책에서 설명한 의례들은 '이념형'으로만 보아야 한다. 즉 의례를 통해 사회적 공간이 어떻게 탄생하고 유지되는가를 보여줄 뿐이다. **자한**(Zahan)이 아름다운 필치로 그려낸 아프리카의 어떤 전통을 보고, 나는 사회적 공간이 개인의 성인식(initiation) 경험을 통해서도 성립될 수 있다는 것에 깊은 인상을 받았다. 마을이라는 '신성한 숲'에 가입하는 절차와 그가 '내부인'임을 깨닫게 해주는 의례는 공동체의 집과 마을을 짓는 과정으로 표출된다. 이 사례는 로마인들의 절차, 즉 도시로 체현된 템플럼을 통해 내부 실재를 경험하는 과정과는 역방향인 것처럼 보인다. **르뵈프**(Lebeuf)는 콩고의 사례를 보고하면서, 그곳에서 '공간의 창조'는 하늘과 땅이 함께 자라난 결과이며, 집을 지을 때는 오른쪽과 왼쪽이 서로 조화를 이루면서 조금씩 조심스럽게 솟아오르게 만든다고 설명한 바 있다. **룸게르**(Roumeguere)는 성인식의 각 단계를 설명하면서, 단계마다 새롭게 드러나는 신체의 의미가 젊은 남자나 여자를 외부의 사회적 실재들로 이뤄진 영역들과 연결해준다고 한다. **니앙고란**(Niangoran)은, 아프리카의 어떤 거주 공간들은 세대별로 다른 성인식의 결과로 만들어지며, 따라서 시간적 구속을 받는다는 사실을 자한보다 더욱 강조한다. 공간들이 끊임없이 쇠락하는 과정을 거쳐 다시 구축되곤 한다는 것이다. **니콜라**(Nicolas)는 희생제물을 통해 공간이 '분할'되어 새로운 공간이 '생겨나는' 사례에 대해 보고한다. 공간을 창조하는 정령은 물, 언어, 춤의 움직임을 재현하듯 늘 지그재그 선을 따라 활동한다. 그런 정령의 하나인 "쌍둥이인 물의 신 놈모(Nommo)"에 관해서는 **그리올**(Griaule)의 책 12쪽, 18쪽 이하, 138쪽 이하를 참조하라. 이렇게 만들어진 공간은 결코 '봉인'되지 않는다고 한다.

을 수 있다. 이런 상황이 되면 사람들 대부분은 거주가 불가능한 공간을 어쩔 수 없이 비용을 치르고 얻어야만 한다.

안팎이 없는 공간과 악몽

불도저는 빈민가를 현대의 메트로폴리스로 통합한다. 그것은 또한 내부와 외부 공간 사이의 구분을 지워버린다.[12] 불연속적이며 독특한 일상의 거주 공간들을, 연속적이고 안팎이 구분되지

12 『옥스퍼드 영어사전』에서는 'indiscrete'를 이렇게 정의한다. "*indiscrete*: 분리되지 않은. (1) 인접한 사물들이나 부분들을 뚜렷하게 구분할 수 없는." 문(door)이나 대문(gate)이 더 이상 두 세계가 만나는 지점이 아니라면, 그것이 가진 의미도 없어질 것이다. 로베르트 무질은 『생전 유고』에 실은 「문과 대문」에서 이렇게 말한다.

"문은 과거의 것이 되어버렸다. … 집이 없는데 어떻게 문이 있을 수 있겠는가? … 문은 선망하는 사회로 가는 입구였는데, 신참자에게는 그가 누구인가에 따라 그 문이 열리기도 하고 닫히기도 했으며, 대체로 그것이 그의 운명을 결정했다. 하지만 문은 또한 밖에서는 말 한 마디 못하면서 집 문간에 들어와서는 바로 긴 수염을 단 어르신처럼 행세하는 소시민에게도 적합한 것이었다. 그래서 문은 보편적 사랑을 받았으며 모든 이들의 생각 속에서 생기 있는 임무를 수행했다. 상류층 사람들이 점잖게 문을 열거나 닫는 반면, 서민은 문을 박차고 집에 들어가곤 했다. 그는 또한 열린 문에 공연히 뛰어들 수도 있었고, 문과 경첩 사이에 선 채 일을 처리할 수도 있었다. 자신의 문 앞을 쓸거나(독일어 관용어로 '자기 앞가림을 하거나'—옮긴이) 다른 이의 문 앞을 쓸 수도('다른 이의 처지를 헤아릴 수도'—옮긴이) 있었다. 누군가의 면전에서 문을 닫아버리거나 그에게 나가라며 문을 가리켜 보일 수도 있었다. 그렇다, 심지어 그를 문밖으로 내던져버릴 수도 있었다. … 이 위대한 문의 시대는 지나갔다. … 누가 정말로 문밖으로 내던져지는 것을 본 적이 있는가? … 게다가 자신의 문 앞을 쓴다는 것은 이해하기 어려운 노역이 되었다. … 오래된 대문을 바라보노라면 우리에게 슬픔만을 안겨주는, 낯익은 상상에 불과한 얘기가 되었다. 오늘날에는 목수를 위해서만 잠시 열어두곤 하는, 점점 암울해져가는 구멍의 이야기이다."(Robert Musil, "Türen und Tore," in *Nachlaß zu Lebzeiten*, Rowohlt-Verlag *Werke* 7: 504-06; 신지영 옮김, 『생전 유고』, 워크룸프레스 2015)

않고 균질적인 상업 공간으로 편입시킨다. 거주 공간은 나름의 독특한 거주 활동에 따라 달라지는 질료이다. 반면에 안팎이 구분되지 않는 공간은 인위적으로 만들어진 것이며, 면적 단위로 사람들을 채우도록 할당한 공간이다. 불도저는 이런 사회를 상징하는 것으로, 즉 안팎이 없는 공간 안에 세워진 사회를 상징하는 것으로 볼 수 있을 것이다. 이런 예외적 사회는 이전에 존재했던 어떤 사회와도 비교하기 어렵다. 산업화 이전 사회들은 균질적인 공간에는 존재할 수 없었다. 몸의 안팎, 도시의 안과 밖, 원의 안쪽과 바깥쪽을 구분하는 것은 모든 경험의 본질적 요소였다. 내부와 외부, 오른쪽과 왼쪽, 남성적인 것과 여성적인 것 사이의 비대칭적 상보성은 근원적 경험을 구성하는 요소들이다. 이런 구분을 초월하는 균질적 공간이란 역사적으로 전혀 새로운 경험일 수밖에 없다. 그것은 형태적으로 아직 경험해보지 못한 연속체를 구성한다. 내부도 외부도 없고 좌우도 없는 연속체이다. 이런 기하학적 연속체[13]가 경험의 토대가 되는 사회에서는

13 루돌프 **리페**(Rudolf zur Lippe)가 아도르노(Th. Adorno)에게서 박사과정을 밟던 시절부터, 그의 주요 연구주제는 변함없이 '인간 존재에 대한 기하학적 이해'였다. 리페는 데카르트적 관점에 따른 자연 이해로부터 인간 삶의 법칙을 도출하려고 한 시도(1660년경부터 시작된)를 지칭하기 위해 이런 용어를 만들었다. 리페는 데카르트 당대의 궁정예식에 초점을 맞추어 이런 인식이 개인에게 어떻게 내면화되었는지 탐구했다. 그는 이런 기하학적 이해가 조경, 검술에서 새롭게 표현되었고, 궁중예절, 군사훈련, 건축의 새로운 형태로도 드러났다는 것을 알아냈다. 그의 주저(**Lippe**, 1981)에 보면 춤과 검술이 이런 목적을 위한 의례로 의식적으로 이용되었다고 나온다. 또한 그는 몇몇 해설서와 관련 자료에서도 건축과 군사훈련이 같은 목적으로 활용되었다고 강조한다. 구

내부도 외부도 그저 같은 종류의 '공간' 안에 있는 위치들을 가리킬 뿐이다. '고향'과 '타향', '거주지'와 '황무지' 역시 같은 공간 안에서 선택된 지역, 구역, 영역에 지나지 않는다. 물론 이렇게 불도저가 밀어버린 공간 안에서도 사람들은 자리를 잡고 주소지를 부여받을 수 있다. 하지만 그 안에 거주하지는 못한다. 거주의 꿈은 악몽이 된다.[14]

이탈로 칼비노(Italo Calvino)는 『보이지 않는 도시들』에서 이런 악몽에 대해 설명한다. 마르코 폴로가 쿠빌라이 칸의 궁정을 방문했을 때의 이야기다. 폴로는 칸에게 상상의 여행 속에서 만난 마을들의 질료에 대해 들려준다. 칼비노는 마르코 폴로의 입을 빌려, 3차원 공간을 여행하는 데 익숙한 사람이 경험한 끔찍한 무력감에 대해 설명한다. 저마다 다른 질료로 만들어진 꿈의 도시들을 통과하면서 겪은 이야기이다. 마르코 폴로는 칸에게, '욕망'이라는 맛으로 가득한 공간, 눈[眼]들로 이루어진 공간, '이름들'이 알갱이처럼 굳어져서 만들어진 공간, '망자들'로 이루어진 공간, '교환' 또는 '혁신'의 냄새가 끊임없이 풍겨나는 공간 등

분되지 않는 (기하학적) 공간이 사회적 상상력을 독점하게 된 기원을 찾는 문제에 있어서 나의 논의는 리페의 연구에 바탕을 두고 있다.

14 "공간은 '공포를 일으키는 외부/내부'에 다름 아닌 것이다. 악몽은 단순하다. 근본적이기 때문이다. 내부의 확실성과 외부의 낯섦을 갑자기 의심하게 된 결과를 악몽이라고 한다면, 그것은 그 경험을 지적으로 표현하는 얘기일 것이다."(Gaston **Bachelard**, *The Poetics of Space*, 218쪽; 곽광수 옮김, 『공간의 시학』, 동문선 2003.)

그가 만난 꿈의 도시들에 대해 보고한다. 폴로는 칸을 위해 이런 악몽들을 이야기하고는 다음과 같이 끝맺는다.

"지옥은—만약 그런 게 있다면—내일 오는 게 아닙니다. 지옥은 바로 여기, 우리가 사는 오늘에 있습니다. 우리가 함께 그것을 만든 거죠. 이 지옥의 고통에서 벗어나는 방법은 두 가지밖에 없습니다. 첫 번째는 사람들 대부분이 쉽게 할 수 있는 방법입니다. 지옥을 그대로 놔두고, 모르는 체하면서 끝까지 살아내는 겁니다. 두 번째 방법은 위험합니다. 이 지옥의 한가운데 있으면서 누가 그리고 무엇이 거기 속하지 않는지, 마찬가지로 누가 그리고 무엇이 지옥에 공간을 내줌으로써 그 지옥을 만들고 있는지 알아내기 위해 끝까지 주의와 호기심을 놓지 않는 방법입니다."

안팎이 구분되지 않은 공간이 얼마나 악몽 같은 것인지를 깨닫는 사람들만이 서로의 친밀감을 확신할 수 있고, 서로의 현존 안에서 거주할 수 있다.

내부와 '외부' 공간

'공간을 점하는 것' 그리고 '공간을 내주는 것'은 함께 얽혀 거주의 예술을 이룬다. 거주란 도시의 모체에서 꿈처럼 어렴풋한 질료를 이끌어내는 것, 그로부터 실을 자아내는 것을 의미한다. 그 실로 도시의 템플룸을 붙잡아둘 날실을 만드는 것, 그리고 이런 날실에 엮을 행위를 짜는 것을 의미한다.

삶이라는 직물로부터 단절되지 않으려면, 우리의 생각도 이 날실에 짜여 들어가야만 한다. 나는 상상의 공간이라는 이 날실을 수반하지 않은 채로는 아예 내 상상에 따른 생각 자체를 할 수가 없다. "무엇인가를 깨닫게 되었어"라고 말하는 순간, 나는 이미 그것과 떨어진 자리에 있는 것이다. 나는 이미 그것을 '바라보았고', '찾았고', 그것에 '접근하기' 위해 '올바른 각도'를 '계산했고', 그것에 '다가가서' 마침내 그것을 '파악한' 것이다. 내 사고의 과정과 진행을 묘사하는 이 모든 동사들은 공간을 은유하는 표현들일 뿐만 아니라, 모두 내 안에 있는 공간을 가리키고 있다. 이 표현들 가운데 어느 하나라도 사용할 때마다 나는, 나 자신과 내가 아는 세상 사이에서 경험하는 이 공간이 내 주위에서 감지한 것과는 다른 종류의 공간 '안'에 있다는 것을 의식한다. 나는 '내 마음 속에 있다'는 말이 체계적으로 잘못 인도된 표현이므로 가능한 한 쓰지 말아야 한다는 말을 들은 적이 있다. 하지만 나는 이러한 선의의 충고를 따를 수가 없다. 무언가를 직관(insight)할 때마다 나는 내부(in-side)를 인식하지 않을 수 없기 때문이다.[15]

---

15 정신적 시공간과 그 지각에 대한 고전적 분석에 대해서는 새뮤얼 **알렉산더**(Samuel Alexander, 1권 133-35쪽)를 참조하라. 알렉산더는 특정 과학의 시야 바깥에 놓인 경험의 포괄적 특징들이 바로 형이상학이 다루는 대상이라고 한다. 경험과학에서 연구하는

의례를 통해 경계(밭고랑, 피부, 사회 영역)를 나누는 일에서부터 출발하여, 각 시대는 그렇게 나뉜 안과 밖 사이에 저마다 다른 비대칭적 상호보완성을 설정한다. 안과 밖은 각 문화의 모체로부터 풀려나와 하나는 시계 방향으로, 다른 하나는 시계 반대 방향으로 돈다. 둘 중에서 내가 특히 내부의 공간을 강조하는 까닭은, 친밀성을 기하학적 거리로 보는 데 맞서 나의 자아를 지키기 위해서다. 나의 자아를 데카르트적 공간으로 축소된 외부 공간에 상응하는 하나의 대수적 개념으로 축소하는 데 맞서기 위해서다. 이런 식의 무단침입으로 인해 '안팎 없는' 공간이 만들어지면, 나만의 친밀한 세계는 약탈당할 것이고 마침내 소멸하게 될 것이다. 스키피오가 카르타고를 갈아엎었던 것처럼.

나는 기하학이 나의 친밀한 세계 바깥의 존재들을 점유하는

세상의 많은 특징들처럼, 그것들도 세심한 관찰을 통해 이해할 수 있다고 한다. 시공간은 보편형이상학적 모체이며, 여러 다른 층위의 유기체를 탄생시키는 티탄(하늘의 신과 땅의 여신 사이에서 태어난 12명의 남녀 신—옮긴이)이다. 이 같은 출현은 말로는 설명할 수 없는 '자연의 경건한 행위'(natural piety, 워즈워스의 시 「무지개」의 표현)로 보아야 있다. 시공간이라는 모체에는 장차 관찰자의 시야에 들어올 물질, 생명, 정신이 배태되어 있다. '신체'는 특정한 역사적 관점으로 응축되어 나타난 자연의 외관이다. '정신'은 그러한 관점 안에 들어 있는 어떤 뚜렷한 내적 특색을 가리키는 '관념'이다. 알렉산더의 생각은 독일 현상학이 제시한 최고의 것에 비견되는 영국의 독립적 성과라 할 만하다. 그는 '스피노자와 동일한 오류'(자연 존재들이 제각기 신성을 띤다면 그 신성을 가능케 하는 목적도 통일적으로 존재할 수 없다는 범신론의 오류—옮긴이)에 빠진 것 아니냐는 비난을 자랑스럽게 생각했다. 플라톤적 공간에서 아리스토텔레스적 공간으로의 전환에 대해서는 **재머**(Jammer)의 책 제1장을 참조하라. 범주 오류가 '체계적으로 잘못 인도된 표현'에 기인한다는 생각은 **라일**(Ryle)에게서 나온 것이다.

것에 대해서도 똑같이 거부한다. 대부분의 문화들은 수학과 물리학에서 다루는 형태적 연속체와는 맞지 않는 '저 바깥'의 실재를 보는 눈을 가지고 있다. 그것이 그리스 신인지, 대중문화에 등장하는 유령인지, 물, 불, 공기 같은 원소들의 정령인지, 파라켈수스가 연구한 것처럼 그 원소들에 서식한다고 하는 요정, 뱀, 피그미, 도롱뇽인지는 중요하지 않다. 그 무엇이든 데카르트적 연속체에서는 거주할 수가 없다. 기하학은 나의 상상력을 직조하는 북에 실을 공급해주는 물렛가락이 될 수 없다.

제3장

물

The Water

포착하기 힘든 물

우리가 탐구하고자 하는 물은 공간과 마찬가지로 파악하기 어려운 것이다. 물론 이 물이 정량의 기체 또는 액체를 태워서 얻는 H_2O나 당국이 공급하는 생활용수를 말하는 게 아님은 당연하다. 우리가 탐구하려는 물은 상상의 내부와 외부 공간을 적시는 유체이다. 물은 공간보다는 구체적이지만, 두 가지 이유로 더 포착하기 어렵다. 첫째로는 거의 무한한 은유 가능성이 있기 때문이고, 둘째로는 공간보다 더 감지하기 힘든 이중적 측면을 늘 가지고 있기 때문이다.

은유의 담지자로서의 물은 변하기 쉬운 거울이다. 그것은 시대적 유행을 반영하며, 때로 모습을 드러내거나 발설하는 듯 보여도 그 아래 질료는 늘 감춰져 있다. 독일 카셀 근처의 빌헬름스회에(Wihelmshöhe)에는 영국식 정원과 복잡한 수로들로 둘러싸인 바로크 시대 독일 영주의 성이 있다. 이 영국식 정원은 마치 수로를 구슬려서 그것들이 아는 모든 것을 누설시키려는 듯이 만들어져 있다. 그 시대의 사람으로서 영주는 심지어 물의 비밀을 분류하는 체계까지 개발했다. 그의 설계에는 정원의 어디에서 물이 맑아지고 포말을 일으키며, 어디에서 깊어지고 넓어지고 느려지는지가 모두 정해져 있다. 숲에 이르면 물은 솟구치고 웅얼거리고 줄어들었다가 불어난다. 풀밭에서는 굽이치고 미적거리다가 지붕으로부터 흘러내려 작은 동굴로 들어간다. 안개나 물방울이나 습기가 가득한 틈새와 벽도 있다. 수로들은 희롱하고 유혹한다. 당신을 흠뻑 적시거나 심지어 빠뜨릴 수도 있다고 위협한다. 영주의 수로는 궁전 전체를 기쁘게 하려고 만든 듯하다.

그러나 이 역사적 '질료'를 탐구하기가 그토록 어려운 것은 변화무쌍한 물의 표면 때문이 아니다. 공간이 플라톤에게 이해 불가능했던 것처럼, 물이라는 질료 자체가 깊은 모호함에 싸여 포착할 수 없게 되어 있기 때문이다. 창조 이야기가 그 웅얼거림을 생명의 모호한 떨림으로 통역해줄 때까지 물은 혼돈 상태에 있을 수밖에 없다. 대부분의 창조 신화는 물이 마법을 부리는 이야기를 주된 내용의 하나로 삼고 있다. 이 마법은 항상 분할 작업으로 나타난다. 도시 창건자가 최초의 고랑 '술쿠스 프리미게니우스'를 쟁기질함으로써 거주 공간을 창조한 것처럼, 창조주는 물을 분할함으로써 창조의 공간을 만든다.

물의 분할

마오리 신화에서는 창조가 자궁에서부터, 곧 물이 뒤섞인 곳에서부터 시작된다. 어머니와 아버지 사이에 맏이가 쐐기를 박듯 끼어들어 둘을 갈라놓는다. 자궁에서 분리될 때 흘러나온

피로부터 세상이 만들어진다. 리그베다에서는 인드라 신이 물의 기원이다. 그를 에워싼 물이 빛을 발하고 노래하면, 그는 끝없이 범람하는 홍수의 어두운 계곡으로부터 불기둥처럼 솟아오른다.[16]

창세기 1장의 두 번째 날에 있었던 일도 비슷하다. "하느님이 말씀하시기를, 물 한가운데에 궁창(穹蒼)이 생겨 물과 물 사이를 갈라놓으라 하셨다. 하느님이 이렇게 궁창을 만들어 궁창 아래에 있는 물과 위에 있는 물을 가르시자, 그대로 되었다. 하느님께서는 이 둥근 궁창을 하늘이라 부르셨다. 저녁이 되고 아침이 되니 이튿날이 지났다." 그러나 물은 원래 이런 분리에 반기를 들었다고 한다.[17] 카오스는 창조 작업에 공간을 내주기를 거부했다. 위로 올라가도록 되어 있는 물은 아래에 남게 된 물과 떨

---

16 **크램리치**(Kramrich)는 리그베다의 해당 구절에 대해 다음과 같이 언급한다. "그가 황소처럼 물을 쏟아내고, 어린아이처럼 물을 빨아먹고, 물이 그를 핥으면…, 그는 먹지도 않고 현혹되지도 않는 그들, 옷을 입지도 벌거벗지도 않은 채 끊임없이 움직이는 천상의 딸들에게 들어가서… 보통은 하나를 눕히고… 보통은 일곱 선율이 하나의 씨앗을 받아서… 그는 어머니의 자궁이 된다."

17 **긴즈버그**(Ginzberg)의 책 제1권 13-18쪽과 주석 및 참고문헌을 참조하라(그의 책 *Legends on the Pentateuch* 5의 각주 48, 49, 54). 랍비 아키바가 제자들에게 "하느님의 왕좌를 둘러싸고 있는 수정의 환영을 볼 때마다 소리—물!—지르지 말라"(탈무드 *Hagigah* 14b)고 주의를 준 것은 특기할 만한 부분이다. 또한 '체액의 구분'을 하면서 웃음으로 인한 눈물과 고통으로 인한 눈물을 나눈 것은 **비드베르흐**(Hvidberg)에서 시작된 것이다. 한편, 유대교의 가르침과 그리스도교 신학은 창세기 1장을 '무'로부터의 창조를 보여주는 것이라고 해석한다. 신의 말씀에 따라 형상이 만들어진 것처럼 질료도 그렇게 만들어졌다는 것이다. 이런 신학적 관념은 서구의 철학적 사유에 깊은 영향을 미쳤다. **세르티앙주**(Sertillanges)를 참조하라.

어지기를 거부하고, 더욱 긴밀히 서로를 껴안았다. 히브리 성경의 주석서인 미드라쉬(알렉산드리아의 필론, 오리게네스, 히에로니무스, 알베르투스 마그누스도 잘 알았던 책)에 따르면, 두 번째 날은 신이 우주적 분투를 벌인 날이다. 신은 스스로 시작한 일을 거의 포기할 뻔했다. 그나마 이스라엘의 한 귀퉁이만은 신심을 지킬 것이라는 예지가 있었기에 신은 그의 일을 다시 시작할 수 있었다. 이날 하루만큼은 신도 "보기에 좋았더라" 같은 말을 하지 않았다. 왜냐하면 서로 분리된 물이 흐느낀다는 것을 알고 있었고, 그들의 눈물로 인해 신도 슬펐기 때문이다. 신이 양쪽 물 사이에 자신의 망토를 펼쳐 놓았다는 이들도 있고, 물을 갈라놓기 위해 사금파리를 이용했다는 이들도 있다. 어쨌든 모든 출전이 동의하는 부분은, 신이 함부로 입에 올릴 수 없는 그의 이름으로 이 '창공'을 봉인했고, 특별히 선택한 천사로 하여금 하늘의 온전함을 지키도록 했다는 사실이다. 천국의 문을 지키는 또 다른 천사보다 억겁 년 전에 먼저 임명된 천사가 위대한 봉인을 유지했고, 유대인의 저주로 망토가 찢길 때마다 천사는 그 자리를 지키며 망토를 수선했다. 신은 이렇게 물을 갈라놓는 일에 성공한 뒤에야 비로소 땅을 창조하는 일에 착수할 수 있었다.

물을 탐구하려는 마음을 계속 품고 있다면, 물의 이중적 성질에서 눈을 떼지 말아야 한다. 아프리카의 여러 언어에서는 '태초의 물'을 가리키는 단어와 쌍둥이에 해당하는 단어가 같다. 꿈의 물은 두 얼굴을 지니고 있다. 홍수, 혈액, 비, 젖, 정액, 이슬 등 모든 물들이 쌍둥이와 동일시된다. 물은 깊으면서 얕으며, 생명을 주는 동시에 죽음을 부른다. 물은 쌍을 이루어 카오스에서 탄생하므로, 언제나 이중적일 수밖에 없다.

물의 이중성—순수함과 청결함

물의 이중적 성격을 보여주는 가장 좋은 예는, 물이 정화하는(to purify) 능력뿐 아니라 세척하는(to clean) 능력도 함께 가지고 있다는 점일 것이다. 물은 사물의 실체에 접촉하거나 그것을 일깨우는 방식으로 그 순수함을 전달하지만, 또 표면에서 더러움을 씻어냄으로써 사물을 청결하게 만든다.

그러나 물이 발산하는 실제적인 순수함은 내가 다루려는 주제가 아니다. 그보다 나는 이 대상의 다른 측면을 추적해보려고 한다. 나는 물의 세정 능력에 초점을 맞추고자 하며, 정화의 측면 때문에 샛길로 빠지거나 초점을 분산시키지 않도록 조심할 필요가 있다. 내가 다루려는 주제는 무언가를 씻어내는 물의 힘, 사람들과 그들의 옷과 거리에 붙어 있는 더러움을 떼어내는 능력이다. 반면, 신체와 영혼을 관통하여 신선함과 맑음과 순수함을 전달하는 물의 힘은 전혀 다른 역사를 지닌 또 하나의 주제이다.

순수와 청결, 곧 정화와 세정의 능력을 명확하게 구분하기는 어렵다. 상고시대 말에 그 의미가 변한 그리스어 미아스마(*miasma*)[18]와 그 뒤에 나타난 영지주의 전통 및 세례 신학으로 인해 정화의 축복은 문질러 세척하는 힘과 뒤섞여 현대적 감성을 결정짓는 '물'의 상징 안에 함께 들어가게 되었다. 우리 시대의 심리학과 종교화된 과학이 이렇게 뒤섞인 전통을 이어받았으며, 그로 인해 더러움을 씻어내고 제거하는 물의 힘에 대한 논의는 위생과 공학의 영역에만 머무르게 되었다. 결과적으로 정화와 구별되는 세정 및 세탁의 상징적 기능은 거의 탐구되지 못했다.

정화의 과정에 물이 늘 필요한 것은 아니다. 물론 정화를 다른 방식으로—예컨대 피를 이용하거나, 주문을 외우거나, 시끄러운 행진을 하거나, 황홀경의 춤을 추거나, 안수를 하거나, 꿈 또는 초월 상태로 이끌거나, 부적을 착용하거나, 연기를 피우거나, 불과 접촉하는 방식으로—수행할 때도 물은 자주 이용된다. 하지만 물이 정결함을 되찾아주거나 부여해준다는 생각에는, 물이 그 신선함과 투명함으로 가장 깊은 내면의 존재를 변화시킨다

---

18 **포코니**(Pokorny)의 『인도게르만어 어원사전』은 '미아스마'에 대해 이렇게 설명한다. "+mai-(=moi-?): beflecken(얼룩지다), beschmutzen(더럽히다)의 뜻; 앵글로색슨어의 'mal'에 해당하며, 고지독일어의 Fleck(얼룩), Makel(오점)과 같은 뜻; 리투아니아어에서는 '습지'(*sumpfwiese*)를 뜻하는 'meil-'과 같은 의미이거나 그에 상응하는 단어로, 중세독일어에서는 'Onians'의 명사 상당어인 'mal'에 해당; 고영어에서는 변색된 얼룩; 14세기 이후에는 사람의 피부에 생긴 얼룩이나 흠을 가리킴."

는 의미가 특별히 내포되어 있다. 그래서 물은 자주 부활과 연관된다.

어휘를 숙고해보면 정화와 세정의 차이를 명확히 이해하는 데 도움이 될 것이다. 순수함 혹은 정결함은 존재의 내적 자질을 가리키는 말이다. 설령 그 자질이 존재의 표면에 드러나 있다 해도, 우리는 그것을 내부 깊숙한 곳에 있는 무엇인가의 표현으로 본다. 그 자질이 퇴색하는 것은 존재의 중심이 부패했기 때문이다. 부패로 인해 없어진 것이 무엇인지는 한 단어로 말하기 어렵다. 부정적인 복합어로만 그 상실을 표현할 수 있기 때문이다. 우리는 그저 '불결하다'고만 말할 뿐이다.

정화가 필요해진 상태를 이렇게 부정적인 방식으로만 표현할 수 있는 것과 달리, 세척이 필요한 상태를 가리키는 말은 인도게르만어에 매우 많다. '미아스마'는 씻어낼 수 있는 것이며, 피부에 들러붙어 있는 무언가를 노골적이고 직접적으로 가리키는 용어다. 이를테면 흙, 똥, 악취, 동물의 똥, 아교나 점액, 진흙과 비슷한 말이다(흙soil은 *soiled*, 똥shit은 *dirt* 및 *dirty*와 같은 어근, 악취foul는 *filthy*, 동물의 똥dung은 옛 독일어의 *quat* 및 *Kot*, 아교glue나 점액sap은 라틴어의 *sucio* 또는 *sudicio*, 진흙mud은 라틴어 *lutum*과 같은 어근인 아일랜드어 *loth*와 관련이 있다). 이 단어들 모두는 물로 씻어낼 수 있는 흙과 관련이 있다. 물은 녹여 없애는(ab-solve, 용서하는) 작용을 하고, 과거 활동이 남긴 잔재를 떼어내며, 사람을 거추장스럽게 하는 것들을 제거한다. 또한 세척이 필요한 상태임에도 노골적인 말로 표현하지 않는 경우도 있다. 손, 얼굴, 입을 '헹구다'(rinse), 옷을 '빨다'(launder), 몸과 발을 씻기 위해 '담그다'(bath)와 같은 말들이다.

동일한 하나의 의식에서 물은 정화와 세정의 두 역할 모두를 할 수도 있다. 죽은 이를 씻기는 의식에서 그것을 가장 뚜렷하게 볼 수 있다. 이 관습은 멀리 호메로스의 시대 때부터 있었던 것으로, 20세기에도 그리스도교와 유대교 의식에, 그리고 모로코에서 우랄산맥에 이르는 이슬람교의 장례의식에 여전히 남아 있다. 이 작업은 교회에 들어와서는 자비로운 행위로까지 승격되었다. 예수회의 창시자 이냐시오 로욜라는 예비 수사나 수녀가 서원을 하기 전에 이 의식을 거행하도록 했다. 하지만 이런 남성적 영웅주의와는 별개로, 세간에서 그 일을 주로 맡았던 사람은 늙은 여성, 미망인, 그리고 반쯤은 마녀로 취급받는 이들이었다. 또한 같은 여성들이 갓 태어난 아기를 씻기는 일도 흔했다. 아기나 죽은 사람을 씻기는 일에 따르는 위험성을 남자들보다 여자들이 더 잘 처리한다고 믿었기 때문이다. 세정을 시작하기 전에 유대 여성들은 시신의 얼굴에 스카프를 덮는다. 러시아 여성들은 공손하게 허리를 굽혀 인사를 하고, 시신을 발가벗기는 것에 대해 죽은 이에게 용서를 구한다.

의식은 주로 시신에 붙어 있는 '아우라'(*aura*, 기운)를 벗겨내는 일로 거행된다. 죽은 이가 그것을 무덤까지 가지고 가지 못하게 하려는 것이다. 이 경우, 의식을 주관하는 이는 시신이 다시 아우라를 입지 않도록 사용한 물을 매우 조심해서 처리해야 한다. 씻긴 시신들이 주위 환경에 들러붙지 않도록, 즉 이 세상에 갇힌 채 남아서 살아있는 사람들을 놀라게 하지 않도록 해야 한다. 죽은 자를 위해서는 세정식(ablution)과 면죄의식(absolution)을 베풀어 더러움과 타락의 죄에서 벗어나게 하고, 산 자들을 위해서는 거주 공간을 정화해서 죽음으로 더럽혀지지 않도록 하려는 것이다.

레테의 강물로 씻다

죽은 이를 씻기고 나면 이제 그는 여정을 떠날 수 있다. 그리스, 인도, 북유럽, 켈트 등 모든 인도게르만족 순례자들은 피안으로 가는 길에 비슷한 장례식 절차를 거치며, 이후의 경로에 대한 신화적 수문학(水文學, hydrology)도 동일하다. 여정의 끝에 가면 그들은 강가에 이른다. 이 강은 세상을 양쪽으로, 즉 현재의 시간과 죽은 이가 옮겨갈 과거의 시간으로 가르는 경계이다. 피안의 세계는 인도게르만 신화의 영적 지도에서는 딱히 고정된 위치가 없다. 땅속일 수도 있고, 산 정상, 섬, 하늘, 동굴 속일 수도 있다. 하지만 이 피안은 언제나 강 건너 영역에 위치해 있다. 바다나 만 저편일 때도 있다. 어떤 경우는 배를 타고 물을 건너야 하고, 걷거나 헤엄쳐서 건너야 할 때도 있다. 그곳이 어디에 있건 여행자는 망각의 강을 상징하는 느린 물길을 건너야 한다. 강물에는 삶을 애착하는 여행자의 기억을 벗겨내는 힘이 있다. 그리스 신화에서 슬픔에 싸인 여인들이 테베의 영웅들을 마지막으로 잠재우려고 부르는 만가(輓歌, threnos)의 느린 박자에서, 시인 아이스킬로스는 아케론 강에서 단조롭게 노 젓는 장면을 떠올린다.[19]

회상이 모여 있는 이곳, 죽은 이들로부터 기억을 씻어내고 그들이 살아생전에 하던 행위들을 제거하는 이 강물을 그리스인들은 '레테'(*Lethe*)라고 불렀다. 나일 강이 두 왕국을 가른다고 믿었던 이집트인들처럼 그들도 어둠의 통치를 받는 영역을 서쪽 둑에, 즉 하늘과 땅이 뒤엉켜 있는 지평선을 향한 쪽에 두었다. 그리하여 고전기 말까지도 이 강이 멀리 떨어진 갈리시아쯤에 위치한다고 보았다. 그러다가 중세시대가 되자 연옥으로 가는 가엾은 영혼들은 성 파트리키우스(성 패트릭)의 전설이 어린 섬*에 닿기 위해 대서양을 건너야 했고, 15세기까지도 아프리카 카보

---

19 **닝크**(Ninck)의 책 122쪽 각주 2 참조. "이 장면은 슬픔의 성격에 대해 깊은 통찰을 제공해준다. … 사후세계로 보내기 위한 자장가는 잠에 빠져들기 쉽게 무겁고 지루해야 한다." **마링거**(Maringer)는 선사시대의 물의 의미에 관해 지금까지 전해지고 있는 것들을 소개하는데, 물은 '풍요'를 뜻하는 동시에 사후세계로 가는 '기슭'이었다고 한다.

* 아일랜드를 말함.

베르데 섬의 북서쪽에 그 섬이 보인다고 했다.

브루스 링컨(Bruce Lincoln)은 모든 인도게르만족의 신화-수로학에 또 다른 특징이 공통적으로 나타난다고 지적한 바 있다. 강이나 호수를 건너는 이들에게서 씻어낸 것은 그냥 버려지지 않는다는 것이다. 모든 신화 속의 물은 강 너머의 샘에 다시 물을 대준다. 레테 강이 죽은 이의 발에서 씻어낸 기억은 물줄기에 실려 이 샘에 이르고, 죽은 이는 그곳에서 희미한 그림자로 변한다. 이런 기억의 샘을 그리스인들은 '므네모시네(*Mnemosyne*)의 샘'이라고 불렀다. 그녀의 맑은 샘에는 살아남은 삶의 잔류물들이 보글보글 솟아오르는 바닥의 고운 모래처럼 미세한 알갱이로 떠다닌다. 죽을 운명의 존재들 가운데 신들의 축복을 받은 사람만이 이 샘에 다가갈 수 있고, 므네모시네의 딸인 뮤즈들이 여러 가지 목소리로 그것들이 무엇이고 과거에 무엇이었으며 앞으로 무엇이 될지 노래하는 것을 들을 수 있다. 므네모시네의 가호 아래서 그는 이 물을 마심으로써 그녀의 가슴 안에 가라앉은 잔류물들을 건져낸다. 꿈 또는 환상의 여정에서 돌아온 후에 그는 그 샘에서 꺼내온 것을 이야기한다. 필론(Philon)에 의하면 시인은 그림자가 드리운 쪽에 서서 죽은 사람이 망각한 행위들을 되살린다고 한다. 이렇게 하여 살아있는 이들의 세상은 므네모시네의 무릎에서 흘러나온 물줄기로부터 끊이지 않는 자양분을 얻는다. 꿈의 물은 이처럼 그녀의 무릎을 거쳐 이제는 그림자들에게 필요치 않은 행위를 살아있는 이들에게 전해준다.

회상이 모여 있는 므네모시네의 샘

므네모시네는 티탄 신족의 한 명이다. 하늘이 아직 땅의 품에 안겨있고, 우라노스가 펑퍼짐한 엉덩이의 가이아와 한 침대에 있을 때, 그러니까 올림포스 신들이 등장하기 훨씬 전인 그때에 그녀는 둘 사이에서 태어났다. 헤르메스는 그녀를 뮤즈들의 어머니라고 부른다. 헤시오도스는 그녀가 아홉 명의 딸들을 낳기 위해 제우스와 누워 있을 때 머릿결이 물결치듯 흘러내렸다고 썼다. '수줍어하는' 또는 '엄한' 님프인 마이아의 아들을 입양한 것도 그녀였다. 그래서 헤르메스는 두 어머니를 갖게 되었다. 므네모시네는 헤르메스에게 두 가지 특이한 선물, 리라와 '영혼'을 주었다. 헤르메스가 뮤즈의 노래를 연주하면, 그 소리가 시인과 신들을 인도하여 기억이 샘솟는 므네모시네의 샘으로 데려간다. 헤르메스는 신들의 전령이자 안내자이다. 아무리 불멸의 존재라 해도 기억을 갖기를 원하면, 그의 티탄족 어머니가 주는 샘물에 의지해야 한다. 므네모시네가 티탄들 중의 한 명으로 등장하는 것은 우리가 다루는 물의 역사에서 결정적인 장면이다. 신들이 존재하기 전부터 물이 있었다는 뜻이기 때문이다. 티탄들 사이에 자리한 이 우주적 원소—씻어내는 물—는 기억의 원천이자 문명의 샘이며, 여성의 모습을 하고 있다.

하지만 구전 전통 속의 첫 여성인 그녀는 서사시의 구전 전승이 중단되면서 잊힌다. 그리스 고전 시인들에게 더 이상 '저 너머'로부터의 회상이 필요치 않게 되었기 때문이다. 시인에게 영감을 주던 원천은 얼어붙어 텍스트로 변했고, 그들은 거기 적힌 글줄들을 따라 읽게 되었다. 자신의 원천에 스스로 물을 대던 서사시의 강물은 더 이상 기억되지 않는다. 그리하여 그리스 도시 어느 곳에도 므네모시네의 제단은 남지 않게 되었다.[20] 그녀의 이름도 '기억'을 가리키는 기술적 용어가 되어 한 토막의 장면을 연상시키는 말이 되었다. 기억을 담는 질료가 물에서 사금파리 같은 파편으로 바뀌게 된 것이다. 점토판에 새겨 고정시킨 문자 언어가 생생하게 유동하는 구어의 환기 능력보다 더 큰 권위를 얻게 되었다.

---

20 **베르낭**(Vernant)은 태초에 뮤즈들이 노래했던 근원을 거슬러 오름으로써 뮤즈에 접근하려는 이들도 거기서 현재의 '선구'는 찾을 수 없을 거라고 강조한다. 그들이 들을 수 있는 것은 단지 시간의 틀을 벗어나 태초부터 부단히 이어져온 물거품 소리밖에 없다는 것이다. 그들은 시작부터 이 모든 것이 '우연'이었음을 알게 된다는 것이다. 기억과 망각의 과정이 어떻게 전개되었는지에 대해서는 **엘리아데**(Eliade) 제7장을 참조하라. 엘리아데는 레테의 기능이 윤회(영혼의 환생)에 관한 인도의 영지주의적 관념 때문에 뒤죽박죽이 되었고, 그것이 또한 플라톤에게 이어졌다고 한다. 윤회 관념이 들어오면서 망각의 강물은 지상으로 돌아오는 영혼이 품은 전생의 기억을 씻어주는 것으로 그 역할이 바뀌게 되었다는 것이다. 레테 강이 환생할 예정인 영혼을 씻는 새 기능을 갖게 되면서, 상기(想起, *anamnesis*)는 더 이상 집단 신화 안에 포함되지 않고 과거의 자아를 재발견한다는 의미를 띠게 되었다.

'글쓰기'의 많은 유형이 예전부터 알려져 있긴 했지만, 그래도 글로 쓴 모든 것들은 구어의 흐름을 올바른 방향으로 이끌기 위한 울타리, 표석, 화살표 같은 것에 불과했다. 상형문자나 표의문자도 발음에 맞춰 소리를 고정시키는 기술적 기능을 버리지는 못했다. 다음번에 또는 다른 사람이 읽을 때도 같은 방식으로 정확하게 다시 소리를 내야 했기 때문이다.

서사적 전통이 글로 기록되기 전까지만 해도, 그리고 관습이 성문법으로 고정되기 전까지만 해도, 모든 진술에는 사유와 기억이 함께 얽혀 있었다. 뭔가를 진술할 때 생각과 말을 구분한다는 것은 상상조차 할 수 없는 일이었다. 목소리는 저장할 수 없고, 흔적도 근거도 남기지 않는다. 그 대신 엄격한 구성법이 있어서, 리라 현의 박자에 강약을 맞춘 육보격(六步格)의 리듬을 따라야 했다. 의식 역시 문자에 비유되기 전부터 보물을 가득 담은 강으로 생각되었다. 모든 발화는 발언자가 강물에서 낚은 한 조각 표류목이자, 피안으로부터 건너와 그의 마음의 해변에 때맞춰 밀려온 것이었다.[21]

---

21 **노토풀로스**(Notopoulos)는 그리스 문학이 글로 처음 기록될 때만 해도 므네모시네는 어떤 활력을 의인화한 모습이었다고 한다. 나중에는 이런 사실이 망각되지만, 이처럼 기억은 창작 과정을 가능하게 해주는 한 가지 방편으로 여겨졌다. 므네모시네는 리라의 연주 속도에 맞춰 물방울처럼 영감을 뿜어내는 내면의 원천과 동일시되었다. 므네모시네로부터 솟아나는 물방울들은 '사유' '시구' '기억' 등이다. 이것들은 뮤즈의 노래가 그러하듯이 서로 긴밀히 연결되어 있는 것으로 이해해야만 한다. 구전 서사시에서 기억은 내면의 소리가 메아리로 울려나온 것이다. 시인의 말은 기억을 일깨우고 므네모

뮤즈의 목소리를 얼리거나 말려서 보관한다는 생각은 당대의 정신에 깊은 불쾌감을 주었을 것이다. 아이스킬로스의 「사슬에 묶인 프로메테우스」를 보면, BC 5세기 무렵까지도 문자 언어에 대한 깊은 편견이 널리 퍼져 있었다는 것을 알 수 있다. 문명의 영웅인 프로메테우스가 인류에게 가져다준 선물 중에는 "문자들의 결합, 즉 뮤즈의 예술을 낳는 창조력의 어머니로서 기억 속에 있는 모든 일들을 담은 것"이 있었다. 하지만 뮤즈를 기록 속에 가둘 수 있다고 가정하는 것만으로도 프로메테우스는 제우스에게서 혹독한 벌을 받아야 했다. 제우스의 딸들은 므네모시네의

시네의 우물로 안내한다. 시인은 자신의 말을 저장하거나 타인에게 기억케 하려고 애쓰지 않았다. 카이사르는 『갈리아 전기』에서 드루이드교 사제들에 대해 이렇게 썼다. "엄청나게 많은 시를 암기하고 있는 사람들⋯ 그들은 이 시들을 글에 가두는 것이 적절치 않다고 생각한다. 내가 보기에 이런 관행을 지키는 데는 두 가지 이유가 있는 듯하다. 첫째는 그들의 지혜가 공동의 소유가 되기를 바라지 않기 때문이고, 둘째는 기록에 의지하여 시를 암기함으로써 기억력의 함양을 소홀히 하는 사람이 되고 싶지 않기 때문이다." 노토풀로스는 플라톤의 『파이드로스』(275a-275e)에 대해 언급하면서, 플라톤이 므네모시네를 소환한 것은 상징에서 벗어난 원본을 추구하기 위해서라고 강조한다. 기억이 글쓰기의 맥락 안에 들어가면 늘 생명력 없는 허상인 에이돌론(*eidolon*, 그림자)을 가리키는 것이 되기 때문이다. 더 자세한 내용은 **일리치**(1984) 2-3장을 참조하라.

노토풀로스는 플라톤이 문자 언어에 대해 극히 모호한 태도를 취했다고 주장한다. "대화편의 저자로서 플라톤은 아마도 기록문학에 매우 재능 있는 사람이었을 것이다⋯. 그러나 스승에 대한 기억을 보존하고 싶은 마음으로 대화편을 쓰기 시작했을 때, 그의 목표는 구술 시인처럼 쓰는 것이었겠지만 표현 수단은 전혀 그렇지 못했다." 초기 그리스도교 교부 시대에 '기억을 돕는'(*mnemonic*) 강물이라는 모티프가 부활한 것에 대해서는 **레비**(Lewy)를 참조하라. 구술 능력과 글을 읽고 쓰는 능력에 대한 입문서는 월터 **옹**(W. Ong)을 참조하라. 므네모시네와 기억을 돕는 저장고의 구분에 대한 가장 최근의 논의는 **피보디**(Peabody)를 참조하라.

샘에서 태어났기에 물방울처럼 끓어오르거나 흘러내릴 뿐 받아 쓰지는 않는다. BC 4세기 초에 활동한 플라톤도 알파벳이 제자들에게 끼치는 영향에 대해 고민했다. 말없이 수동적이기만 한 문자에 의존하다 보면, 기억의 흐름이 협소해지거나 얕아지고 둔해지지 않을까 걱정되었던 것이다.

수로와 문자가 고갈시킨 므네모시네

문자로 인해 기억에 대한 태도가 변해가던 그 시기 내내, 그리스인들은 또 다른 사안에 몰두해 있었다. E. R. 도즈가 "제우스의 도덕적 가르침"이라 부른 바로 그것이다. 우리가 익히 알고 있는 오이디푸스 전설에 대한 호메로스의 판본과 소포클레스의 판본을 비교해보면, 앞의 판본에서는 제우스가 '정의'에 전혀 관심이 없다는 것을 알 수 있다. 오이디푸스는 자신의 죄가 드러난 후에도 테베를 계속 통치했고, 왕으로서의 명예도 전쟁터에서 전사한 뒤에야 땅에 묻힌다. 이처럼 호메로스에게서는 오점이 누군가를 감염시킨다거나 선대로부터 유전된 것이라는 생각을 찾아볼 수 없다. 반면 BC 5세기의 소포클레스 판본—프로이트 덕분에 그리스가 어디 있는지 모르는 사람에게까지 유명해진 판본—에서는, 오이디푸스가 죄책감의 무거운 짐을 지고 추방당하는 것으로 나온다. 그의 존재를 찌르고 들어온 죄악은 빗물로도 햇빛으로도 씻기지 않는다. 그것은 또한 수치심이나 불안과도 다르다. 죄인이 겪는 이 새로운 불확실성은 차라리 공포라고 하는 게 맞을 것이다. 그는 죄악의 원천을 찾으려 하지만 결코 거기에 도달할 수가 없다. 그의 죄악은 우연한 접촉에서 온 것이거나, 몇몇 조상의 잊힌 범죄를 물려받은 결과이기 때문이다.

문자가 도입되기 이전의 그리스에서 오염이나 불결함은 외부적 사건에 속했다. 내적 동기나 정의와는 전혀 무관하게 벌어지는 일이었다. 오염된 미아스마를 제거하는 일은 호메로스 시대에는 피부에 달라붙은 것을 간단히 씻어내는 것만으로 가능했다. 손을 씻는 것만으로는 충분치 않고 내장까지 정결해야 한다는 언급은 BC 5세기 이전에는 찾아볼 수 없다고 도즈는 말한다.[22] 상고시대 말에 와서야 개인의 순수성에 대한 불안감이 그리스 종교에서 빠르게 강박으로 굳어졌다고 한다. 살인죄의 끔찍한 사례로 오레스테스와 오이디푸스 이야기가 재구성되었고, 정화가 델포이 신전의 주된 업무가 되었다. 기억을 담는 물의 역할은 침묵을 하고 의례용 물이 점차 불어나 죄지은 이에게 정결

---

22 순수함 역시 청결함만큼이나 역사적인 것이다. 비유하자면 둘 다 피부와 관계된 성질로, 청결이 피부 외부의 어떤 것과 관련이 있다면, 순수함은 피부 아래 있는 어떤 것과 관련이 있다. 나는 순수함과 청결의 감각이 역사가 흐르면서 서로 동떨어진 독립적 관계로 변했을 거라 추정한다. 이 문제에 대해서는 **파커**(Paker)가 최근 매우 풍부한 연구 시각을 보여주었다. 나의 생각은 **도즈**(Dodds)의 책 제2장 '수치심의 문화에서 죄책감의 문화로'에서 많은 영향을 받았다. 또한 **추커**(Zucker), **마이어**(Meyer), **라테**(Latte), **스넬**(Snell)을 참조했다.

함을 베푸는 일에 이용되었다. 사람에게서 어떤 것을 씻어내는 행위는 은유적인 것이 되고, '성수 뿌리기'(aspersion)—물의 본래적 순수함에 물리적으로 접촉하는 일—가 이제는 사실을 행동으로 나타내는 기능을 맡게 되었다.

제4장

도시

The City

안팎이 없이 흐른 로마의 물

유동하는 기억 대신 과거 이야기를 고정시켜 놓은 저장소가 등장하고, 물의 도덕적 정화 작용이 강조되던 시기를 거치면서, 도시 공간 안에서의 물의 지위도 달라졌다. 도시들은 이제 성벽에 뚫린 수로를 타고 흘러온 물에 의존하기 시작했다. 초기 정착민들은 강물, 연못에 의지하거나 샘 주변에 살면서 근처 사원과 궁전에 이따금씩 물을 실어 나르곤 했다. 우물 파는 기술은 BC 2500년 이후에야 완성되었다. 이집트인들이 먼저 물을 '채굴하는' 방법을 알아냈는데, 깊게 파낸 구멍 밑바닥의 지층에 수평으로 수로를 뚫어 우물에서 나오는 물의 양을 충분히 얻는 방식이었다. 팔레스타인에서는 도시 바깥의 지하 샘물로 통하는 물길을 깊숙이 파서 도시 안의 수조로 물을 끌어왔다. 수조는 긴 계단을 내려가야 할 만큼 깊었다. 미케네는 유럽에서 터널을 이용해 물을 끌어온 최초의 도시다. 하지만 수로가 특색 있는 풍경으로 보인 기간은 BC 7세기에서 6세기까지에 불과했다. 꽤 먼 곳에서 물을 끌어오는 도시가 많아졌기 때문이다. 니네베(90km), 트로이(11km), 아테네, 코린토스, 메가라, 사모스(무려 1km의 지하수로가 있었다!)가 그런 곳들이다.

로마인들도 BC 312년(로마기원 441년)까지는 테베레 강과 몇몇 샘물, 주변지역 우물 몇 개로 충분했다. 그러다 AD 97년이 되자 로마는 인구 100만의 도시로 성장했다. 총 연장이 거의 400킬로미터에 이르는 주 수로 9개가 1인당 400리터 가량의 물을 도시에 공급했다. 이것이 어느 정도의 양인지 비교해 보면 깜짝 놀랄 것이다. 1823년 런던, 프랑크푸르트, 파리에서는 1인당 0.5리터, 1936년에는 약 40리터의 물을 공급했다. 하지만 AD 100년에 로마는 수로를 통해 그 열 배의 물을 썼다.[23] 당시의 수도 시스템을 책임지고 있었던 섹스투스 율리우스 프론티누스(Sextus Julius Frontinus)는 로마의 수도를 어떤 식으로 운영했는지에 대해 상세히 기록했다. 물의 5분의 1은 바로 황제에게 보냈고, 5분

---

23 로마제국 시기에 들어서면서 1인당 약 300리터의 물이 수로를 통해 공급되었다. 이것을 제외하고 분수로 가는 도중에 사라지거나 도둑맞는 물만 해도 150리터에 달했다. BC 2세기가 시작될 무렵 수많은 수로들이 타라곤, 세고비아, 님, 에페소스, 안타키아, 카르타고를 먹여 살렸다. 1인당 이만큼의 할당량을 분배하여 집안 살림과 정원을 유지하는 데 쓴다면 현대의 미국인들 대부분이 충분히 만족할 것이다. 오늘날의 물 대부분은 산업에서 소비되는데, 그 양이 가정에서 소비하는 양의 다섯 배에서 열 배에 이른다. 그러나 로마인의 물 소비량을 그들의 '위생'을 나타내는 지표로 본다면, 그것은 심각한 오류일 것이다. **멈퍼드**(Mumford, 8.2장)는 이러한 부분에 주목했다.

"현대의 고속도로를 국도 시스템을 가지고 설명할 수 없듯이, 로마의 커다란 하수관들은 낡은 공동주택들과 연결되어 있지 않았다…. 수요는 대단히 컸지만 기술적 능력이 매우 모자랐다. 마찬가지로 정교한 기술적 장치들과 원시적인 사회 계획의 비효율적 조합은 상수도 공급에서도 마찬가지였다. … 고급 공동주택 안에서는 물과 오물이 바로 옆에서 나란히 흘러 다녔다. 이것은 17세기 에든버러의 고급 공동주택 안에서도 마찬가지다. … 그 모든 공학적 기술과 부유함에도 불구하고, 로마는 기본적인 도시 위생에서 처참한 수준이었다."

이 부분에 이어서 멈퍼드는 루돌포 아마데오 란치아니(Rudolfo Amadeo Lanciani)가 쓴 푸티쿨리(성문 밖의 시신 매장터) 발굴기를 인용하면서, 그 구덩이에 죽고 버림받은 노예 수만 명이 묻혔고, 그것이 여전히 로마의 땅 밑에 거대한 젤라틴 덩어리로 남아있을 것이라고 했다.

의 2는 도시에 있는 591군데 분수와 열두 군데의 공중목욕탕에 보냈다고 한다. 프론티누스는 정부의 능력을 이렇게 공공연히 과시하는 것에 자부심을 느낀다. "이토록 많은 물을 공급하는 데 필수불가결한 구조물을 설치했다는 것은, 굳이 비교한다면 유명하긴 하지만 별로 쓸모도 없는 그리스인들의 작품이나 하릴없이 놀고 있는 피라미드에 견줄 수 있겠다."

로마의 영광은 이처럼 므네모시네를 호사스럽게 길들이는 일로 이룩되었다. 그것은 양 방향으로, 즉 공공의 기억을 로마 법전으로 성문화하고, 도시의 물을 수도화하는 방식으로 이루어졌다. 로마의 건축가들은 산속에서 수원지를 찾고 물길을 만들어 깨끗한 물 그대로 도시로 흘려보냈다. 그리고 각각의 물길에 붙일 이야기를 선택하여 도시에서 들려주도록 했다. 예술가들은 물을 이용하여 그들이 지어낸 물의 신 트리톤과 님프 이야기에 생기를 불어넣었다. 원로원은 그들의 힘을 과시하기 위해 물길을 가로질러 길을 놓았다. 산속에서 솟는 샘물을 도시의 분수로 옮김으로써 로마는 창건자가 도시 둘레를 쟁기질하여 만든 마법의 원을 깨트렸다. 로마의 분수에서 솟구치는 물은 도시 내부와 외부를 나누지 않는 물이었다.

하지만 로마는 다른 도시처럼 그냥 도시가 아니다. 로마는 유일한 도시, 우릅스(*urbs*)다. 물길이 최초의 고랑을 평탄하게 메우자 로마의 공간은 안으로부터 폭발하기 시작했다. 우릅스는 오르비스(*orbis*)의 중심이 되었다.* 이 독특한 도시 공간은 경계선 밖으로 마구 뻗어나가 '오르비스 로마누스' 곧 로마 세계로 확장되었다. 공간은 '가톨릭적인'(보편적인) 것이 되었고, 도시 로마는 특정 공간에 국한하지 않고 그 시민권을 제공했다. 안팎 없는 공간과 보편적인 물로 인해 '인간' 존재도 새로운 의미를 얻게 되었다. 로마는 물이 흘러넘치는 공간을 유산으로 남겼고, 북쪽 침입자들이 그 모두를 파괴했음에도 유산은 수로로 살아남았다. 6세기부터 14세기에 이르는 800년 동안 로마는 다시 살아나 삶을 이어갔다. 초기 공화국 시절에 우물과 강에서 물을 끌어왔던 것처럼, 이번에는 교회가 물의 세례를 통해서 유럽을 신의 도시로 통합했다. 로마에 속한 속주민이라 해도 선별된 사람만이 로마 시민이 될 수 있었던 것과 달리, 교회의 통치 아래서는 모든 이가 '이교'를 버리고 '세례'만 받으면 가톨릭의 보편적 공간 안으로 부름 받을 수 있었다.

하비가 주창한 순환의 개념

다른 사회들도 수도로 공급되는 물을 과시하는 일에 관심을

---

* 고대 로마에서 흔히 쓰던 '*urbi et orbi*'(로마 도시와 전 세계에)라는 말에 착안한 설명. *urbs*는 라틴어로 '도성' 또는 '도읍'의 의미로 특히 로마를 가리키는 말이고, *orbis*는 원래 '동그라미'의 뜻으로 세계를 가리킨다.

가졌지만, 로마의 물과는 두 가지 점에서 차이가 있었다. 첫째, 로마 외 지역에서는 물을 과시하는 것에 로마와 같은 정치적 목적이 없었다. 둘째, 분수나 목욕탕으로 보내는 수돗물은 한 방울도 낭비되지 않고 주의 깊게 사용되었다. 그라나다에서 이스파한까지, 그리고 인도의 아그라에 이르기까지, 분수를 좋아했던 무슬림 왕자들은 꽃과 정원에 소중한 액체를 한 방울도 허투루 쓰지 않도록 세심한 주의를 기울였다. 내가 알고 있는 한, 로마를 제외하고 멀리서 물을 끌어온 모든 도시들은 최근까지도 예외 없이 하나의 공통점을 갖고 있었다. 도시의 구획을 가로지르며 흐르는 수로의 물은 결국 그 도시의 흙에 남김없이 흡수되었다는 것이다. 수로를 통해 끌어온 물을 (빗물과는 다른 의미로) 하수도로 흘려보내는 것은 로마에서만 볼 수 있는 예외였다. 그런 시설이 있는 곳이라면 호화로운 장소였고, 그것에 관련된 규정도 없었다. 로마에서조차 광장 분수대의 물이 거리의 보도 연석을 타고 테베레 강으로 흘러드는 일이 많았다. 하지만 클로아카 막시마(*cloaca maxima*, 대하수구) 덕분에 로마의 일곱 언덕 사이의 습지들은 4세기 동안 마른 상태를 유지할 수 있었다. 그것이 '검은 물'이 흐르는 개천으로 변한 것은 제국 시대에 벌어진 일이며, 그마저 얼마 지나지 않아 복개되었다.[24] 지금 우리가 당연하

---

24 로마와 속주 도시들의 수도 공급 시스템은 **섹스투스 프론티누스**(Sextus Frontinus) 덕분에 잘 알려진 반면, 하수도 시스템은 그만큼 주목을 받지 못했다. 참고문헌으로는

게 받아들이는 개념, 곧 수도관을 통해 도시에 들어온 물은 반드시 하수도를 통해 나간다는 생각은 매우 현대적인 것이다. 이런 개념은 도시들 대부분에 기차역이 생기고 거리마다 가스등이 켜지고 나서야 비로소 도시 설계의 지침이 되었다.

'질료'가 미리 정해져 있는 경로를 따라 그 원천으로 끝없이 되돌아간다는 현대의 관념은 르네상스 시대까지도 낯선 것이었다. 17세기 초의 영국 의사 윌리엄 하비(William Harvey)가 착안한 '순환'의 개념은 이런 과거와의 깊은 단절을 상징하는 것이었다. 순환이라는 개념의 참신함은, 행성이 (코페르니쿠스가 여전히 믿었던 것처럼) 반투명의 천구를 따라 빛을 내며 도는 게 아니라 암석으로 된 구체가 타원형의 궤도를 도는 것이라고 본 케플러의 생각만큼이나 상상력의 전환에 결정적인 계기가 되었다. 순환의 개념은 중력, 에너지 보존, 진화, 성별 등의 개념처럼 새롭고 근본적인 것이었다. 그러나 '순환하는 질료'라는 개념은 그것이 가진 근본적인 참신함과 현대의 공간 구성에 미친 영향에도 불구하고, 케플러의 법칙이나 뉴턴, 헬름홀츠, 다윈, 프로이트의 생각에 쏟아진 것만큼의 관심은 끌지 못했으며 연구 대상도 되

파울리(Pauly)의 책 제1권 104-106쪽에서 소개한 자료들과, 같은 책에 실린 '편의시설'(Bedürfnisanstalt)에 관한 논문이 있다. 하수도에 관한 고전적 문헌들은 **마르탱**(Martin)의 책 209-211쪽에 수록되어 있다. 그 문헌들은 하수도가 있었던 로마 및 그리스 도시들 가운데 매우 특별한 장소들을 보여준다. 그러나 도시 전체인구 중 몇 퍼센트가 하수도를 이용했는지는 알 수 없다.

지 못했다.

물체들은 중심이 주어지면 언제나 그 둘레를 돌 수 있다. 순환 운동이라는 추상적 개념은 설득력 있는 은유의 기회를 제공해주었다. 원 둘레의 각 지점에 대해 '동시에 똑같은' 위치를 차지하고 있는 중심부의 존재는 신, 영혼, 영원을 상징하는 의미로 해석되었다. 많은 학자들이 시간 역시 순환하는 것이라고 생각했다. 불사조는 불에 의한 부활을 상징했고, 플라톤은 홍수가 주기적으로 일어나는 것처럼 갱생이 주기적으로 일어난다고 기술했다. 영혼은 태어나거나 다시 태어날 수 있었다. 하지만 '물'은 아직 우리가 '순환'이라 부르는 것에까지는 연결되지 못했다. 액체의 '순환'은 하비 이전에는 그저 '증발'이라 부르는 현상을 의미했기 때문이다. 즉 포도주에서 주정(酒精)을 증류하는 것처럼, 또는 혈액이 좌뇌에서 우뇌로 격막을 통과하면서(지금은 통과할 수 없다고 보지만) 정화의 과정을 거치는 것처럼, '물'에서 '정기'(spirit)가 분리되는 과정이라고만 생각했다. 그러나 물질이 끝없이 자신의 원천으로 되돌아 흐른다는 관념은 물에 대한 기존의 시각, 즉 그 질료가 실체변화(transubstantiation)를 일으킨다는 시각에 중대한 혁신을 가져온다.

'순환'하는 액체로 처음 지목된 것은 혈액이었다. 혈액이 순환한다는 생각을 처음 떠올린 사람은 이븐 알 나피스가 분명하다. 내과 의사였던 그는 교사이자 박학자로도 이름을 날리다가 1288

년 카이로에서 죽었다.[25] 그는 심장의 왼심실과 오른심실을 나누는 격막으로는 혈액이 통과하지 않는다는 것을 확신한 데서 출발하여, 폐에서 심장으로 가는 혈류의 '작은' 순환이 있다고 가정했다. 하지만 그의 생각은 질료의 습성에 대한 당시의 상식에는 완전히 어긋나는 생경한 것이었다. 많은 아랍 해설서들이 그의 연구에 대해 전혀 언급하지 않는 것만 봐도 그러하다. 우리가 아는 순환의 개념은 16세기 중반의 유럽인들에게는 상상하기 힘든 것이었다. 그 개념을 과연 하비가 처음 '발견'했는지 의심케 하는 의사 두 사람이 16세기에 있긴 했다. 그들은 시리아에서 30년 동안 살다온 이탈리아인이 전해준 알 나피스의 이론에 의존했다. 칼뱅에게 이단으로 몰려 제네바에서 화형을 당한 스페인의 천재 세르베투스[26]와, 나중에 하비가 유학을 하게 되는 파도바의 해부

25 **이븐 알 나피스**(Ibn al-Nafiz)는 시리아의 다마스쿠스에서 태어났고 나중에 이집트의 의료원장이 되었다. 그는 "식이요법으로 충분할 때는 절대로 약을 처방하지 않았고, 복합적인 치료보다 간단한 치료를 선호했다"(*Encyclopedie de l'Islam III*, 921-22쪽)고 한다. 여든 살 되던 해인 1288년에 카이로에 있는 자신의 호화로운 분수 옆에서 생을 마감했다. 15세기의 스페인과 이탈리아 의사들이 그의 폐순환 이론에서 문헌상의 도움을 받았다는 사실이 최근에 알려졌다. **마이어호프**(Meyerhof)와 **샤흐트**(Schacht)를 참조하라.
26 미구엘 세르베투스(Miguel Servetus)는 1509년 스페인 나바라에서 태어났다. 라틴어와 그리스어, 히브리어를 배웠고, 1528년에는 법률을 공부하기 위해 툴루즈 대학에 들어갔다. 1529~30년에는 카를 5세의 고해신부인 후안 데 킨타나의 조수로 이탈리아를 여행했다. 그는 그리스도의 신성을 근대 최초로 부정한 『삼위일체론의 오류』(*De Trinitatis erroibus*)를 썼고, 그로 인해 제네바에 피신해 있다가 프랑스로 가서 미카엘 빌라노바누스(Michael Villanovanus)라는 이름으로 살았다. 리옹에서 프톨레마이오스의 지리학을 편집했고, 의사 생포리엥 샹피에(Symphorien Champier)의 제자가 되었다. 그 뒤에는 파리에 가서 근대 해부학의 창시자로 불리는 베살리우스(Vesalius)에게서 배웠

학자 레알도 콜롬보[27]가 그들이다.

세르베투스와 콜롬보가 알 나피스의 도움을 받았다는 사실을 굳이 언급하는 이유는, 윌리엄 하비가 1603년 파도바에서 의학을 공부하던 때만 해도 사람들이 '순환'에 대해 얼마나 무지했는지를 강조하기 위해서다. 의학에서 (예컨대 안드레아 체살피노처럼) '순환'이라는 용어를 사용해 '혈액 운동'(나는 다른 액체의 경우에는 이런 단어를 사용한 사례를 전혀 찾을 수 없었다)을 설명하려고 할 때조차, 그 의미는 느리고 불규칙하며 종잡을 수 없이 오간다는 뜻이었다. 하비가 심장 운동에 대한 강의를 시작한 때는 1616년이다. 1628년에 그는 혈액의 이중 순환에 대한 자신의 생각을 공식적으로 피력했다. 의학계에서 그의 생각을 보편적으로 받아들인 것은 17세기 말이 되어서였다. 그리고 18세기 들어와서야 비로소 하비의 생각이 의료 행위에 폭넓게 적용되었다. 하지만

다. 마지막 책인 『그리스도교의 회복』(*Christianismi Restitutio*)의 성령에 관한 장에서 그는 폐순환에 대해 이렇게 설명한다. "하지만 흔히 생각하는 것처럼 심장의 격막을 통해서가 아니라 오른심실의 활발한 운동에 의해 혈액이 폐로 보내져서 거기서 맑은 혈액으로 바뀌게 되는 것이다. 이렇게 폐에서 준비를 마친 혈관의 피는 다시 왼심방으로 주입된다." **울만**(Ullman) 176쪽 참조.

27 마테오 레알도 콜롬보(Matteo Realdo Colombo, 1516?-1559)는 파도바에서 베살리우스 밑에서 공부했고, 1543년 스승이 떠난 뒤에는 그의 뒤를 이어 교수가 되었다. 콜롬보는 『해부적 사실에 대하여』(*De re anatomica*)에서 스승의 주장에 격렬하게 반대하는 입장으로 돌아섰으며, 알 나피스에 대해서도 이해하기 쉽게 설명했다. 교황 율리오 3세의 수석 외과 주치의로 일하다가 세상을 떠났다. 더 많은 정보는 E. A. 코폴라의 논문 「폐순환의 발견」(E. A. Coppola, "The discovery of pulmonary circulation" in *Bulletin of the History of Medicine 31*, 1957: 44-77쪽)을 참조하라.

개업의들을 위한 여덟 권의 권위 있는 산부인과 지침서를 쓴 요한 슈토르히(Johannes Pelargius Storch) 박사는 타당성을 널리 인정받는 하비의 발견을 1750년까지도 받아들이지 못했다. 그는 혈액이 영국인들의 몸을 흘러 다니면서 노폐물을 씻어낸다는 사실에는 동의했다. 하지만 니더작센에 사는 자신의 환자들의 경우에는 여전히 혈액이 몸 안에서 물러났다가 한데 쏠렸다가 다시 빠져나갔고, 그래서 적당한 지점의 정맥 절개로 혈액을 뽑아야 했다. 슈토르히는 혈액 순환이라는 개념으로 인해 신체를 완전히 재정의해야 한다는 데 저항감을 가졌던 것 같다. 순환을 받아들이려면, 씰룩거리며 무거운 상징을 지고 있는 전통적 육체의 개념을 필터, 배관, 밸브, 펌프 같은 기능적 시스템으로 재구성해야 한다. 그런 시스템을 인체가 가지려면 환자들의 피부 아래 공간적 연속체가 있어야 한다는 생각을 그는 수긍할 수 없었던 것 같다.

이미 '순환'의 개념이 돌고 있던 프랑스를 제외하고, 18세기가 시작될 무렵에 의학에서 이 용어를 쓸 때는 식물학자들이 수액(樹液)의 흐름에 대해 말할 때와 같은 의미였다. 그러다 갑자기 1750년대 무렵이 되자 부와 돈이 '순환'을 시작했고, 사람들은 그것들을 마치 액체라도 되는 듯이 표현했다.[28] 사회를 배관 시스템

28 '순환'에 대하여: 고전 라틴어에서 '키르쿨라토르'(*circulator*)는 즉흥적으로 사람을 모아 공연을 하는 순회공연자나 떠돌이 행상을 뜻했다(*Oxford Latin Dictionary*).

처럼 생각하기 시작한 것이다. 프랑스 혁명 이후 '유동성'은 더욱 지배적인 은유가 된다. 생각, 신문, 정보, 소문이 순환하고, 1880년대 이후에는 교통, 공기, 힘이 순환하기 시작한다.[29]

'circum-'에서 나온 수십 개의 동사들은 두 가지를 제외하고는 모두 타동사다. 두 가지 예외는 'circumvolo'(사람에게 쓰는 말로 '배회하다' 또는 '맴돌다')와 'circumsto'(주위에 있다)이다. 원을 그리며 이뤄지는 일은 무엇이든 바퀴가 중심부 주위를 도는 것과 같이 생각되었다. 판사와 변호사가 '순회재판'(circuits)을 하러 여행하는 것이 훗날 '순회하다'(to circulate)라는 자동사가 되었다. (『옥스퍼드 영어사전』에 '유통시킨다'는 뜻의 'put into circulation'이 등재된 때는 1664년, 1672년, 1777년 세 번이며, 모두 하비 이후의 일이다.) 혈액, 개념, 물을 순환하는 것으로 생각하기 시작한 후, 1865년 이후에는 전기도 '순환'하는 것으로 보게 되었다.

풀레(Poulet)는 르네상스 시기부터 현대까지 순환이 은유로 사용된 사례를 분석했다. 중심을 전제하지 않은 순환을 상상하는 것은 조르다노 브루노(Giordano Bruno)가 『원인, 원리 및 一者에 관하여』(*De la causa, principio et uno*, in *Opere italiane*, ed. Paul Lagarde, 1888, 278쪽)를 쓴 이후에야 가능했다. 그는 말했다. "온 우주는 중심이고, 이러한 중심은 어디에나 있으며, 주변은 없다고 말할 수 있다." **만케**(Mahnke)와 최근의 **니컬슨**(Nicolson)은 순환 운동의 의미가 '중심'이라는 개념이 사라지는 과정과 더불어 변화되었다고 설명한다. 그들의 연구에 따르면, 초기 그리스도교 해석에서는 원둘레(circumference)의 모든 부분을 가상적인 것으로 보았다고 한다.

페르디낭 **브뤼노**(Ferdinand Brunot)는 프랑스어의 역사를 다룬 그의 책 제7장에서 '순환'이라는 단어가 18세기까지는 만들어지지 않았다고 설명한다. 하지만 17세기에 이미 이 용어는 혈액, 행성, 관념 등에 사용되고 있었다. 또한 경제학자들이 사용하기 이전에도(Henri de Boulainvilliers의 1727년 저서와, Jacques Savary, *Le parfait Négotiant*, 1736에는 '순환'이라는 단어가 나오지 않는다) 순환의 개념은 이미 화폐에서 통용되고 있었다. 그러다가 18세기 중반이 되면서 어디서나 그 단어를 사용하게 되었다. (몽테스키외의 소설 『페르시아인의 편지』에는 "순환이 더 잘 될수록 더 부유해진다"는 말이, 또 『법의 정신』에는 "'순환'이 증가하면 부가 배가된다"는 말이 나온다. 루소와 튀르고는 각기 말하기를, "이렇게 유용하고 생산성이 풍부한 순환은 모든 사회의 노동에 활기를 부여"하며, "돈의 순환이란 노동의 순환이다"라고 했다._1766)

미쿨라시 **테이흐**(Mikuláš Teich)에 따르면, '물질의 순환'이라는 발상을 처음 떠올린 사람은 게오르크 에른스트 슈탈(Georg Ernst Stahl)이고, 프리스틀리(Priestly)가 그것을 발전시켰으며, 마지막으로 라부아지에(Lavoisier)가 공식화했다고 한다. 물질의 순환이라는 개념은 20세기의 기초를 닦은 과학의 주요 작업 가운데 하나였으며, 그 중요성은

19세기 중반에는 몇몇 영국 건축가들이 도시 내부에 대해 말할 때 같은 은유를 사용하기 시작했다.[30] 한때 제러미 벤담의 저

중력, 에너지보존, 진화와 같은 이론에 버금간다. 그러나 상대적으로 과학사가들에게는 매력적이지 않은 편이다.

이들 과학자를 고대 원자론의 계승자들로 보는 것은 잘못이다. 이미 제시되어 있던 순환이라는 주제에 실체를 부여하기 위해 슈탈(1660-1734)은 금속과 무기물, 식물과 동물 등에 일차적으로 들어있는 공통 성분을 생각해냈다. 그것들 모두가 '연소' 과정에서 발생하는 '가연성 지방 원소'(Brand-und-Fette-Prinzipium)인 '플로지스톤'(Phlogiston)을 갖고 있다는 것이다. 그는 이 물질이 포착하기 힘든 것이어서 당시나 이후로도 정체를 밝히기 어려울 거라고 주장했다. 그는 플로지스톤이 "모든 연소의 일차적이며 고유한 근본적 본질"이라고 보았다. 그는 그것을 불이라는 물질인 동시에 운동이라고 설명한다. 플로지스톤은 또한 실체의 색과 향의 원인이다. 슈탈은 화학적 변화를 플로지스톤의 순환으로 보았다. 플로지스톤 이론은 그가 세상을 떠난 뒤에도 30년 이상 18세기 중반의 화학자들 대부분에게 확고한 믿음으로 자리 잡았다.

그러다가 1767년 조지프 프리스틀리가 리즈의 맥주 양조장에서 '고정된 공기' 실험을 통해 질적으로 다른 '기체들'을 분리하는 데 성공했다. 그는 1774년의 논문에서 이 '공기들' 중 하나를 특별히 언급하는데, 그것만이 동물의 '호흡'을 가능케 했고 식물 생장을 통해 보충되었다고 한다. 그는 이 기체를 '플로지스톤 없는(dephlogisticated) 공기'라고 불렀다. 몇 년 뒤 라부아지에가 그것을 '산소 기체'라고 부르기 시작했다. 연소는 이제 슈탈이 가정한 '플로지스톤의 상실'과는 정반대 방향으로, 즉 물질과 산소의 '결합'으로 설명할 수 있게 되었다. 이에 따라 18세기 화학은 창조되지도 사라지지도 않는 물질의 순환을 다루는 과학이 되었다.

29 **도케**(Dockes)는 16세기와 17세기를 거치면서 등장한 경제적 개념들과 그것들에 내포된 공간적 표상들의 관계에 대해 분석했다. 그는 17, 18세기의 경제 정책 입안자들이 '공간'을 물리적 실체로 취급한다는 사실을 발견했다. 한 공간에서 다른 공간으로 자본, 노동력, 원자재, 상품이 이동하는 것을, 비동질적 영역 사이의 흐릿한 경계선을 넘는 흐름처럼 말했다는 것이다. 물론 중상주의자들은 국가가 이런 공간들을 어느 정도 동질화하기를 기대했고, 그와 달리 자유주의자들은 정부 일각의 그 어떤 중앙집중화 노력에도 분개했던 게 사실이다. 하지만 두 학파 모두 경제 외적 실재로서 사회적 공간이 존재한다는 생각을 그들의 분석 속에 담고 있었다.

30 피에르 **파트**(Pierre Patte)는 건축가이자 자수성가한 사람이다. 그는 한동안 디드로의 백과사전에 삽화를 그리는 도안가였는데, 고용주와의 끝없는 법정 투쟁에 휘말려들게 되었다. 그는 파리의 판테온이 무너질 위기에서 구해낸 사람이기도 하다. **리쿼트**(Rykwert)에 의하면, 파리에 물과 하수도를 도입하려고 한 그의 계획은 자주 잊히

술 보좌역이었고 나중에 왕립 빈민구제위원회의 일원이 된 에드윈 채드윅(Edwin Chadwick) 경이 1842년 대영제국 노동인구의 위생 상태에 대한 보고서를 제출했다. 루이스 멈퍼드는 이 보고서를 "원시적 기술 공포증의 고전적 요약"이라고 말한 바 있다. 채드윅은 이 보고서에서 새로운 도시를 사회적 신체로 상상하면서, 그 신체 안에서 물이 쉬지 않고 순환하다가 더러운 하수구로 빠져나간다고 보았다. 땀과 배설물과 폐수를 씻어내려면 아무런 방해 없이 물이 도시를 '순환'해야 한다. 그 흐름이 빠를수록, 그리고 전염병을 일으키는 정체된 물웅덩이가 적을수록, 도시는 더 위생적이 될 것이다. 물이 도시를 계속 순환하지 않거나 그것을 퍼내고 흘려보내지 않는다면, 채드윅이 상상하는 공간의 내부는 부패하고 오염될 수밖에 없다.

채드윅의 보고서는 『국가의 위생』이라는 제목으로 애덤 스미스 사망 백주년 기념행사 즈음에 출간되었다. 개인의 신체나 사회 조직체와 마찬가지로 도시는 이제 배관의 체계로 설명되었다. 그 흐름이 빠를수록 도시는 더 부유해지고 건강과 위생은 향상된다. 하비가 혈액 순환을 상정하여 인간의 신체를 다시 정의

곤 하는 사실이라고 한다. 파리의 수질 개선을 제안했던 또 다른 이들에 대해서는 **로셰**(Roche, 385-391)를 참조하라. 그럼에도 처음으로 순환하는 물의 이념을 설득력 있게 공식화한 것은 채드윅이 틀림없는 것 같다. 그의 전기는 **디킨슨**(Dickinson)과 **베갱**(Beguin)을 참조하라. 일급 역사가가 서유럽 물의 통사에 대해 쓴 책으로는 **로빈슨**(Robinson)의 저서가 있다. 이 책의 반 이상이 19세기와 관련된 내용이다.

한 것처럼, 채드윅은 부단한 세정이 필요하다는 사실을 '발견'함으로써 도시를 재정의했다.

오물이 넘쳐나던 도시

아리스토텔레스는 도시 입지에 대한 나름의 기준을 세우면서, 거리에 햇빛이 잘 들고 바람이 잘 통하기를 바랐다. 도시가 구질구질한 곳이 되고 있다는 불평은 고대로까지 거슬러 올라간다. 로마에서는 특별히 선임된 행정관이 광장 모퉁이에 우산을 펴고 앉아, 창밖으로 버린 요강 내용물 때문에 봉변을 당한 보행자들의 고소 건을 처리하곤 했다. BC 1500년경의 크노소스 궁전에서 시작해 고전고대 전 기간을 통틀어 봐도 배설물을 처리하는 별도 공간은 부자들의 거주지에나 간혹 있었다. 로마의 부유한 가정에서는 실내 변기를 비우는 노예를 특별히 부리기도 했다. 하지만 대부분의 가정에는 화장실이 따로 없었다. 아테네 광장 밑에 있는 하수도가 그랬듯이, 로마의 임페리얼 포럼 밑에 있는 하수도와 유료 대리석 변소들도 대리석으로 덮여 있는 도시 구역에만 국한된 시설이었다. 로마 법령에서는 서민들의 2층 주택으로 올라가는 계단 바닥에 구멍을 뚫게 했다. 그렇게 하지 않으면 거리가 배설물 처리 공간이 될 수 있었기 때문이다.

중세 도시는 돼지들이 청소했다. 시민들에게 돼지를 기르고 공공의 쓰레기를 먹일 수 있는 권리를 보장해주는 조례 수십 개가 지금도 남아 있다. 스페인과 이슬람 지역에서는 까마귀, 솔개, 심지어 독수리까지 성스러운 청소부로 보호받았다. 이런 관습들은 바로크 시대에 이르기까지 크게 변하지 않았다. 루이 14세의 통치 말기에 이르러서야 비로소 베르사유 궁전의 통로에 있는 배설물들을 매주 치우도록 하는 조례가 통과되었다. 재무부의 창문 아래에서는 수십 년 동안 돼지가 도살되었고, 관청 외벽에 피가 더께가 되어 얼룩져 있었다. 시내 안에는 무두질 공장도 있었는데, 초열지옥에서 나는 듯한 그 냄새는 옛날 예루살렘에서는 지옥의 상징으로 여겨졌던 것이다. 1772년에 마드리드에서 실시한 조사를 보면 왕궁에도 야외 변소조차 없었음을 알 수 있다. 이러한 천년왕국 도시들의 상황은 하비가 혈액 순환을 발표하던 시기의 런던에서도 마찬가지였다.[31]

윌리엄 하비가 죽고 1666년 런던 대화재가 일어난 이후에야 런던 거리의 교차로에 폐기물을 처리하는 '쓰레기장'이 설치되었다. 각 구역마다 명예 청소부를 임명하여 쓰레기 수거자들을

---

31 위생 시설의 역사에 대한 일반적인 개론서로는 **롤린슨**(Rawlinson)와 **케너드**(Kennard)를 참조하라. **게이**(Gay)는 문서화되지 않은 일화들을 주로 소개하고 있다. **사빈**(Sabine, 1934/1937)을 보면, 중세 말 런던에 거리 청소와 정화조 설치의 기술이 있었음을 보여주는 여러 사례들이 나온다. 파리 거리의 위생 상태에 대해서는 **라방드**(Labande)의 책에 상세하게 설명되어 있으며, **게프**(Gaiffe)의 책은 오래된 책이지만 재미있다.

감독하게 했다. 남녀 모두 기꺼이 돈을 지불하고 거리를 청소하는 권리를 사려고 했다. 폐기물을 팔아 수입을 올릴 수 있었기 때문이다. 1817년에는 청소 감독관과 청소부의 권리가 '런던 광역 도로법'으로 성문화되었고, 1855년까지 법으로 남아 있었다. 이즈음 런던의 부유한 가정에는 대체로 화장실이 하나 있었고, 일주일에 서너 번 정도 배설물을 비웠다. 그럼에도 런던의 대부분 지역에서는 여전히 거리에서 배설물을 수거하는 일이 가끔씩 있었다. 19세기 말에는 이 작업이 러시아워에 지장을 주기도 했다. 1891년이 되어서야 비로소 런던 시의회가 여름에는 화장실 청소를 오전 4시에서 오전 10시 사이에만 제한해서 하도록 정했다. 역사를 통틀어서 도시들은 매우 냄새나는 장소였음이 분명하다.

도시가 풍기는 아우라

도시를 끊임없이 청소해야 하는 장소로 여기기 시작한 것은 그리 오래된 일이 아니다. 그런 생각이 대두된 것은 계몽주의 시대가 되어서였다. 이렇게 청소가 지속적으로 필요하다고 여긴 주된 이유는 쓰레기의 불쾌한 시각적 형태나 거리에 버려진 오물을 밟고 사람들이 자주 미끄러졌기 때문이 아니었다. 그보다는 나쁜 냄새와 해로움 때문이었다. 도시는 갑자기 끔찍한 냄새가 나는 공간으로 인지되었다. 역사상 처음으로 냄새 없는 도시라는 유토피아도 등장했다. 그러나 도시 공간의 전통적 특징에 대해 새로운 혐오감이 일어난 것은, 그 냄새가 강렬해져 포화 상태에 이르렀기 때문이 아니라 후각 지각에 변화가 일어났기 때문인 듯하다.

감각 지각이 역사적으로 변해왔다는 것은 새로운 얘기가 전혀 아니다. 언어학자들은 색채의 의미 변화에 대해 다뤄왔고, 예술사학자들은 시대마다 어떤 스타일을 선호했는지 다루곤 했다. 하지만 몇몇 역사학자가 후각의 진화에 대해 주목하기 시작한 것은 최근의 일이다. 1961년 로베르 망드루(Robert Mandrou)가 처음으로 전근대 유럽 문화에서는 촉각, 후각, 청각이 더 우위에 있었다고 주장했다. 이런 비시각적 감각들은 계몽시대 때부터 서서히 눈의 우월성에 자리를 양보했고, 이제 우리는 장소나 사람을 '눈에 보이는 대로' 묘사하는 것을 당연하게 받아들이고 있다. 프랑스 르네상스 시인 롱사르(Pierre de Ronsard)와 소설가 라블레(François Rabelais)는 연인과 입을 맞출 때 그 즐거움이 아주 살짝 느껴지는 맛과 냄새로부터 온다고 주장했다. 18세기에도 여전히 작가들은 사랑하는 몸을 직접 표현하지 못했다. 기껏해야 출판사에서 본문에 특정 장면을 묘사하는 동판화를 집어넣는 게 전부였다. 18세기 초반의 그 동판화들은 작가가 묘사하는 장면에 담긴 사적이고 개인적일 수 있는 어떤 '느낌'을 감추는

데 효과적이었다. 그러나 육체와 풍경의 독특함을 감지하고 그려낸 시인과 소설가들의 능력을 역사적으로 뒤쫓기는 쉬운 일이지만, 과거에 냄새를 어떻게 지각했는지 진술하는 것은 훨씬 어려운 일이다. 과거의 후각 지각에 관한 글을 설득력 있게 쓴다면 역사가들에게는 훌륭한 업적이 될 것이다. 냄새는 그에 대한 지각을 측정할 수 있는 객관적 흔적을 남기지 않기 때문이다. 역사가들이 과거의 냄새에 대해 쓸 때 참고할 수 있는 자료들은, 그 자리에 무엇이 있었는지 그리고 그것을 어떻게 인식했는지에 관한 것들이다. 연인들이 맡은 냄새든, 의사들이 환자의 상태를 알아차릴 수 있게 해준 냄새든, 혹은 악마나 성자들이 거주하는 공간을 채운 냄새든, 다 마찬가지일 것이다.[32]

나는 도시의 전통적인 냄새를 여전히 기억한다. 나는 20년 동

---

32 악취로 인해 한 자리에서 한 명도 아니고 여러 사람이 죽었다는 얘기는 18세기 중반에 새삼스러운 것이 아니었다. 악마의 악취 때문에 그 자리에서 죽은 죄인이 여럿이었다는 보고는 그 전에도 많이 있었다. 새로운 점이라면 시신이 부패하면서 내는 악취와 이런 물리적 효과 사이의 관계가 밝혀졌다는 것이다. **푸아질**(Foizil)과 필리프 **아리에스**(Philippe Ariès)를 참조하라. 중세 전 기간 동안 냄새의 감각은 천국의 문을 열어주기도 했고 지옥의 문을 열기도 했다. 성자의 무덤을 찾은 수천 명의 참배객들이 '신성함의 냄새'를 해마다 맡았다는 기록은 매우 흔하다. **데오나**(Deonna)는 이와 관련된 수많은 사례들을 기록했다. **로마이어**(Lohmeyer), **네슬레**(Nestle), **치글러**(Ziegler)는 이런 경험들을 성서의 내용과 연결시킨다. 12세기에는 성자의 시신에서 나는 특유의 냄새가 이 유해의 권위를 말해주는 증거로 여겨졌다. 공간과 그 특징을 냄새라는 감각을 통해 지각하는 일은 당대 시인들에게는 당연한 것이었다. '향기로운 방'에 대한 **한**(Hahn)의 논문과 **루베르크**(Ruberg, 89쪽 이하)의 책을 참조하라. 냄새가 주는 '의미'에 대한 아름다운 소개는 **올리**(Ohly)를, 그리고 **라덴도르프**(Ladendorf)도 참조하라.

안 리우데자네이루와 리마, 카라치와 바라나시 등의 도시 빈민가에서 많은 시간을 보냈다. 똥과 퀴퀴한 오줌 냄새에 대한 생래적 혐오감을 극복하는 데 시간이 오래 걸렸다. 나라마다 조금씩 다르긴 하지만, 하수도 시설이 없는 산업 지역의 빈민가 냄새는 거의 비슷하다. 이 냄새는 산업화 초기 단계의 특징이다. 현대 도시의 위생적 시스템에 편입될 시기가 다가와서 막 붕괴되기 시작한 거주 공간이 풍기는 악취다. 그것은 토박이 마을 특유의 공기와는 현저하게 다르다. 토박이 마을의 공기는 거주 공간과 통합되어 있었다. 전통 의학에 따르면, 사람들은 어쩔 수 없이 머물게 된 새 장소의 아우라가 역겹거나 혐오스럽게 느껴지면 몸이 쇠약해진다. 손님으로서 즐겁게 지내려면 아우라에 대한 수용력과 내성이 필요하다. 오늘날의 사람들은 코를 통해 일차적으로 감지되는 지리적 특징을 상상할 능력을 거의 잃어버렸다. 전 세계가 갈수록 비슷한 냄새를 풍기고 있기 때문이다. 휘발유, 세제, 하수관, 정크 푸드의 냄새가 우리 시대의 보편적 스모그로 통합되었다. 이 스모그가 부패된 토박이 대기와 어우러진 곳, 예컨대 리막 강을 따라 리마의 하수가 태평양까지 흘러드는 그런 곳에서 나는 개발의 냄새를 식별할 줄 알게 되었다. 그곳에서 나는 산업화로 인한 대기오염과 루이 14세와 16세 시절에 파리를 가득 채웠던 공기의 차이를 민감하게 의식하게 되었다. 이것을 설명하기 위해 나는 알랭 코르뱅(Alain Corbin)의 책에 주로 의존하고자 한다.

죽은 사람의 냄새

사람들이 주택이나 교회의 벽에 거리낌 없이 내버린 것은 배설물만이 아니었다. 얕게 묻은 무덤에서 나는 악취도 죽은 이들이 벽 안쪽에 있다는 증거였다. 거기서 짙은 아우라가 풍기는 건 너무나 당연한 일이었으므로 당대의 자료들은 이런 사실을 거의 언급하지 않는다. 이 일반화된 후각적 무관심은 시민 일부가 시신의 악취를 더 이상 견딜 수 없어 하자 종말을 고했다. 중세 이래 성직자와 후원자의 시신은 늘 제단 근처에 매장되었고, 이 석관들을 교회 안에서 열거나 봉인하는 절차는 수세기 동안 변하지 않았다. 그러나 18세기 초에 이르자 죽은 이들의 미아스마는 불쾌한 것으로 여겨지기 시작했다. 1737년 프랑스 의회는 교회 안의 묘지가 공중보건에 미치는 영향을 연구하는 위원회를 구성했다. 살아있는 이들이 죽은 이들의 존재를 갑자기 물리적 위험으로 인지한 것이다. 교회 내 매장이 자연에 어긋난다는 것을 증명하는 철학적 논증을 지어내기도 했다. 프랑수아 페늘롱의 사서로도 일했던 리옹 출신의 사제 샤를 가브리엘 포레(Charles Gabriel Porée)는 법리적 관점에서 죽은 사람을 담장 바깥에 안장하는 게 합당하다고 주장하는 책을 써서 여러 쇄를 찍었다. 죽음을 대하는 그의 태도는 중세 이후의 서구 역사에서 하나의 기점이 될 만한 사건이었다. 필리프 아리에스(Philippe Ariès)는 시신의 존재에서 메스꺼움을 느끼는 것은 죽음을 대면하는 상황을 새삼 꺼리게 되었기 때문이라고 설명한다.

그 이후로 살아있는 사람들은 죽은 이들과 같은 공간에 있기를 거부하기 시작했다. 살아있는 신체와 시신을 엄격히 격리해 줄 것을 요구했다. 마치 기계 부품을 점검하듯이 인간 몸속의 장기들을 해부용 탁자 위에 놓고 시각화하기 시작할 무렵이었다. 내장기관들과 마찬가지로 죽은 이들도 시각적 대상이 되어 더 이상 경외심을 불러일으키지 않게 되었고, 점점 더 혐오스럽고 생명에 물리적 위협을 가하는 존재로 인식되었다. 거주 공간에서 죽은 이들을 배제하기 위한 철학적이고 법적인 논의도 필요하게 되었다. 시신에서 나오는 미아스마가 치명적 위협을 가한다는 증거가 잇달아 보고되었다. 코르뱅은 장례식 도중에 열려있는 무덤에서 뿜어져 나온 미아스마에 노출된 교회 신도들이 집단 사망한 몇몇 사례를 나열한다. 이후 교회 내 매장은 드문 일이 되었고, 주교나 영웅들만이 누릴 수 있는 특권이 되었다. 묘지는 도시 밖으로 옮겨졌다. 1760년까지만 해도 파리의 공동묘지는 오후에는 파티 장소로, 밤에는 혼외정사를 위한 장소로 이용되다가, 1780년에 와서는 시신이 부패하면서 내뿜는 냄새를 견디지 못한 인근 주민들의 요청에 따라 폐쇄되었다. 그러다가 앙시앵레짐 말기에는 부자든 가난한 사람이든 가릴 것 없이 죽은 사람이 도시 안에 있다는 것만으로도 분노를 터뜨렸다. 하층 계급이 똥 냄새에 역겨움을 느끼도록 학습하는 데 거의 2세기 정도가 걸린 셈이다.

냄새 없는 도시라는 유토피아

살아있는 신체와 죽은 신체 모두 고유의 아우라를 지닌다. 이러한 아우라는 공간을 지배하며, 피부의 감금을 넘어서는 존재감을 신체에 부여해준다. 그것은 또한 다른 사람의 아우라와 섞이기도 한다. 자신의 특징을 간직한 채 특정 공간의 공기와 혼합된다. 냄새는 거주활동이 환경에 남겨놓은 흔적이다. 각 개인의 아우라는 덧없이 사라질지언정, 그 공간의 분위기는 근처 건물의 양식적 특징처럼 나름의 영속성을 지닌다. 이러한 아우라가 코를 통해 감지됨으로써 주어진 공간의 무차원적 속성도 드러나는 것이다. 눈으로 높이와 깊이를 지각하고 발로 거리를 가늠하는 것처럼, 우리는 코로 실내 공간의 질을 지각한다.[33]

---

33 냄새를 풍기는 것은 그림자를 드리우는 것, 거울에 상을 만드는 것, 혹은 땅 위에 발자국을 남기는 것과 마찬가지로 하나의 개성이다. 이 모든 것들에서 '아우라'를 지각할 수 있다. 사람들은 서로 냄새를 맡는 것으로 어디 출신인지를 알아차린다. "스코틀랜드 사람들은 시골 사람들의 냄새를 맡는 뛰어난 코를 지니고 있다."(『옥스퍼드 영어사전』, 1756) 사람들은 우선 냄새로 개개인을 식별한다. "냄새로 감지할 수 없으면 눈으로

18세기를 거치면서 죽은 이들이 도시에 아우라를 발산하게 놓아두는 일은 참을 수 없는 것이 되었다. 죽은 이들을 도시에서 추방하거나 그 시신을 밀폐된 기념물 안에 봉해 위생 처리하는 예식이 거행되었다. 페르 라셰즈 공동묘지가 파리의 상징이 된 것도 그 때문이다. 이런 제거 과정에서 죽은 이들은 "한때 존재했던 사람이 남긴 유물"로 탈바꿈하여, 더 이상 '신화'가 아닌 현대 역사가 다루는 주제가 되었다. 살아있는 이들과 공간을 공유하는 것이 금지되자, 그들이 여전히 존재한다는 생각은 허구가 되었고, 그들의 유물도 얼마든지 폐기할 수 있는 것이 되었다. 이 과정에서 서구 사회는 죽은 사람이 존재하지 않는 최초의 사회가 되었다.

염탐할 수 있지만," "모두 악취가 나서 아무도 냄새 맡지 않는 곳"을 제외하면, "쥐 냄새 정도는 쉽게 맡을 수 있다."(『리어 왕』 1막 5장) 로마의 희극작가 플라우투스(Plautus)가 인용한 라틴어 속담 "*mulier tum bene olet ubi nihil olet*"는 다양하게 번역되었다. 1529년에는 "아무 냄새도 나지 않는 여성이 가장 좋은 냄새를 가진 여성이다"로, 1621년에 로버트 버턴(Robert Burton)은 "여성이 가장 좋은 냄새가 날 때는 향수를 전혀 뿌리지 않았을 때이다"로 해석했다. 시대를 거치면서 '향수'(perfume)의 의미도 달라졌다. 영어에서 향이나 다른 물질을 태울 때 나는 '냄새'(odor)가, 버턴의 시대에 와서는 '향기'(scent)라는 의미가 되었다. **틸리**(Tilly)의 S558과 R31, 그리고 **윌슨**(Willson)의 'smell' 항목을 참조하라.

1810년대에는 '아우라'의 상실이 문학의 주요 모티브가 되었다. 그것은 부를 얻기 위해 악마에게 그림자를 판 사람의 이야기를 담은 샤미소(Adelbert von Chamisso)의 『페터 슐레밀의 기이한 이야기』가 미친 영향을 따라 가보면 쉽게 추적할 수 있다. '영혼'을 잃거나 팔아버리는 것은 그 시절에 널리 퍼져 있던 모티브였으나, 샤미소는 민담을 각색하여 눈에 보이고 지켜볼 수 있는 소중한 것을 잃어버린 이야기의 본류를 창조했다. 1815년에 호프만(E. T. A. Hoffman)은 거울에 비친 상을 매춘부와 괴이한 의사에게 빼앗기는 청년의 이야기를 썼다. 1828년 하우프(W. Hauff)의 작품 속 주인공은 파산을 막

19세기에는 냄새 제거라는 훨씬 더 어려운 과제가 대두되었다. 죽은 이들이 제거되자, 이제는 살아있는 사람들에게서 아우라를 박탈함으로써 냄새를 제거하려는 노력이 주가 되었다. 유토피아적 도시 공간에서 냄새를 없애려는 이 노력은, '청결한' 도시 공간을 만듦으로써 근대의 수도를 건설하고자 하는 건축학적 노력의 하나로 보일 필요가 있었다. 하지만 그것은 사람들 각각이 풍기는 아우라를 뭉뚱그려 냄새나는 서민 대중의 것으로 만듦으로써 그들을 악취 나는 사람들로 억압하고자 한 시도로도 해석할 수 있다. 이러한 '서민적' 아우라는, 개인으로 뚜렷하게

기 위해 자신의 심장을 모조 보석과 교환한다. 19세기말 즈음에는 주인공들이 '잠' '식욕' '이름' '젊음' '기억'을 판다.(자세한 것은 **Ludwig**, 1920/1921을 참조하라.)

그림자는 언제나 완전한 인격의 일부분이었다(**Bächtold** 9권, 부록 126-42). 그리스인이 제우스 앞에서 자신을 뽐내면, 또는 이란인이 성자가 되면, 그들은 그림자를 잃었다. 아일랜드 설화에서는 어떤 사람의 그림자에 구멍이 뚫리면 그는 죽는다(**Stith-Thompson**, D 2061.2.2.1). 유대인들은 그림자가 없는 것으로 유령임을 알아차린다(같은 책, G 302.4.4). 발자국을 남기지 않는 것도 마찬가지다(같은 책, E 421.2). 연금술을 배우는 제자가 스승인 악마에게 사례비 대신 그림자를 넘기는 이야기는 오직 18세기에만 볼 수 있는 모티브이다. 요정 이야기나 민담에서 그림자는 부차적이다(**Franz**, 1983). 요정 이야기에서 모든 사람은 언제나 모든 사람의 그림자다(24쪽, 31쪽). 팔 수 있는 상품으로서의 그림자(또는 거울 이미지나 기억의 행위 같은 것)라는 개념은 샤미소의 작품 속에서 소유욕 강한 개인주의의 출현을 보여주는 새롭고도 중요한 모티브다. 그것은 사람들에게서 '냄새', 아우라, '도덕경제'(E. P. Thompson)가 박탈된 시기와 맞물려 있다.

궁극적으로 약국은 산업화된 아우라의 상징이다. 그것은 냄새를 제거한 인구를 위해 대량 생산한 매력과 향기를 판매하는 슈퍼마켓이다. 강박적으로 아우라를 벗겨낸 사람들은 그곳에서 더 나은 향을 선택해서 살 수 있다. 로베르트 무질(전집 7권, 895쪽)은 여기서 예언적 이미지를 본다. "슐레밀의 죄책감은 부르주아의 본성이고, 그림자를 잃어버렸음을 인정하지 않으려는 것이고, 그로부터 천재성을 창출할 수 없는 무능력이다."

묘사되는 사람들이 무한히 자유롭게 돌아다닐 수 있는 새로운 도시 공간을 만들기 위해 사라져야 했다. 후각을 위해 아우라를 없앤 도시는 말 그대로 '어디에도 없는 곳' 즉 유토피아(*u-topia*)다.

도시 공간의 청결화와 건축가라는 새로운 전문직종의 등장은 동시에 일어난 일이다. 예전에 건축가들은 궁전, 광장, 분수, 도시성벽을 주로 건설했고 가끔은 다리와 도로를 놓는 일도 했다. 이제 그들은 거주 공간에 대해 트집을 잡으면서 그곳을 인간 차고지로 바꿀 수 있는 권한을 갖게 되었다. 지금으로부터 30년 전인 1950년대 중반에 존 터너(John Turner)는 페루 사람들의 정착 과정을 관찰하면서, 사람들에 의해(*by*) 영위되던 거주활동이 사람들을 위한(*for*) 주택공급으로 전환될 때 어떤 일들이 벌어지는지 잘 설명한 바 있다. 주거가 하나의 활동에서 상품으로 변하고 있다는 것이다. 이런 변화로 인해 거주활동이 어쩔 수 없이 불가능해지면, 이제 사람들은 임대하거나 구매한 피난처 안에서 유순하게 길들여진 주민이 될 수밖에 없다. 그리하여 지금은 모든 집이 거리 주소와 번지수로(아파트 호수일 때도 있다) 표시된다. 사람들은 자신이 어디쯤에 있는지 냄새를 맡고 알아내던 아우라를 잃어버렸다. 거주자들로 채워진 새로운 도시라는 관념이 계몽주의 시대 지도자들의 머리에 등록되자, 공간의 질적 특징을 도드라지게 해주는 모든 것이 못마땅한 것이 되었다. 일단 아우라가 악취로 인식되면, 그 공간에서 아우라를 벗겨내야 했다. 부유한 고객의 아우라에 적합하게 호화 주택을 짓던 건축가들과 달리, 새로운 건축가들은 냄새가 없으므로 신원도 알 수 없는 주민들의 피난처를 짓게 되었다.

제5장

냄새

The Odors

기체로 판명된 미아스마

1750년 무렵, 도시 미아스마가 위험하다는 사실에 주의를 기울인 엘리트 중 가장 목소리가 컸던 이들은 건축가가 아니라 공기역학(pneumatics) 연구자들, 즉 호흡과 활기 혹은 공기를 전문적으로 연구하는 이들이었다. '기체'(gas)라는 용어도 새로 만들어졌으나 당시에는 사용되지 않았다. 이 용어는 연구에도 거의 쓰이지 않았던 것 같다. 왜냐하면 그 용어를 처음 기록한 연금술사 헬몬트(J. B. van Helmont)에 따르면, 그것은 '카오스'(chaos)를 네덜란드어 발음으로 읽은 것에 불과하며, 파라켈수스도 그것을 기본적 정기들이 거주하는 공간인 '환경'을 가리키는 일반 용어로 이해했기 때문이다. 우리가 '기체 상태'라고 알고 있는 것을 18세기 중반의 과학자들이 분석할 때 느꼈을 무력감은 20세기 사람들로서는 상상하기 어려운 것이다. 휘발성 물질을 연구하기 위한 도구가 제대로 갖춰져 있지 않은 시대였기 때문이다. 연구자는 대부분 자신의 후각에만 의지해야 했다.[34]

---

34 '기체'에 대하여: 파라켈수스는 4원소에 대해 언급하면서 '카오스'라는 용어를, 어떤 것이 자연적으로 거주하기에 적합한 공간을 가리키는 데 사용한다. "… 산속의 난쟁이들에게는 땅이 그들의 카오스이다. 그들에게 그것은 공기와 같은 것이지 우리가 생각하는 땅과는 다를 것이다. 즉 우리가 공기를 통해서 보는 것처럼 그들은 땅을 통해서 본다. … 물의 요정들에게는 물이 카오스다. 그들에게 물은 태양을 차단하는 것이 아니다. 우리가 공기를 통해 햇빛을 받는 것처럼 그들은 물을 통해 햇빛을 받는다. … 화산 덩어리들 또한 불꽃을 통해 햇빛을 받는다."(*Paracelsus*, ed. **Blaser**, 20) 그는 다른 글에서도

연소가 산화 과정이라는 것을 이해하기는커녕 불타는 물체가 공기 중에 '플로지스톤'을 방출한다고 생각하던 때였다. 불꽃에서 공기 중으로 탈출한 것이라고 생각된 이 플로지스톤은, 부분적으로는 구시대의 신학적 이유 때문에 '토양 중의 기름진 종류'로 여겨졌다. 무익한 불확실성만이 주어져 있던 당시 맥락을 감

이렇게 설명한다. "이들 산속 난쟁이들에게는 땅만이 유일한 카오스일 것이다…. 우리가 공기를 통과하면서 아무런 방해를 받지 않는 것처럼… 그들도 땅을 통과하고, 사슬이나 돌을 통과하기 때문이다."(Paracels, *Werke*, J. Huser: Basel, 1590, 54쪽.)

'카오스'의 라틴어 발음은 'ch'를 조합한 발음(그리스어의 'χ'에 해당)으로, 독일어의 'ch'나 네덜란드어의 'g'와 마찬가지로 후두음이다. 헬몬트는 파라켈수스의 용어를 네덜란드어 철자법에 맞춰 다시 썼을 뿐이다. 그렇게 나온 용어가 원래는 연금술의 용어 및 개념들과 연관되어 있다는 사실은 점차 잊혀졌다. 우리는 이런 초기의 역사적 맥락이 가진 의미를 오해하곤 한다. 물질로부터 이런 '정기'(spirit) 혹은 기체(gas)를 얻는 행위는 헬몬트에게는 물질을 정신화(spiritualization)하는 일이었다. 그러다가 기체를 물질의 한 형태로 보면서 물질의 순환이라는 개념도 힘을 얻게 된 것이다. '기체'라는 말은 오랫동안 기술적 용어로만 국한되어 사용되었을 뿐(Kruenitz, 1779), 빌란트(Wieland)에 따르면 1784년까지도 독일에서는 여전히 알려져 있지 않았다고 한다(T. Merkur 1, 75). 밍켈라르스(Minckelaars)가 가스등을 권장한 것도 바로 그 해인데, 독일의 백과사전 편집자인 아델룽(Adelung)은 이 단어의 사용을 반대했다. "그 단어는 미개하고 모호하다… 우리들 자연학자들은 연금술의 색채가 없는 단어로 더 적합한 단어를 찾고자 한다."(Trübner WB 2, 425쪽에서 재인용.)

프랑스어에서 이 단어가 처음 사용된 것은 『프랑스어 유의어 사전』(*Thesaurus de la Langue Français*: Benjamin Constant, Journaux, 1804, 20)에서였다. "옛날 화학자들은 정기(spirit)를 '공기 같은 것'(aeriform) 혹은 '기체'(gas)라고 불렀다. 야생의 정기(*spiritus silvestres*)를 모으거나 고정시키는 기술을 알지 못했기 때문이고, 그것들에 대해 어떤 일도 하지 않으려 했기 때문이다." 브리야 사바랭(Brillat-Savarin, *Physique du Gout*, 1825, 42)은 새로운 개념이 자신의 고상한 미식 이론을 위협할 수 있다는 것을 알았다. "풍미 있는 음식은 그 즙으로 평가할 수 있을 뿐, 거기서 나는 냄새나 기체로는 평가할 수 없다." 괴테의 『파우스트』(*Faust II*, 4, v, 10084)에는 다음과 같이 나온다. "지옥은 악취와 황산으로 부풀어 올라 기체를 뿜어냈다. 그것은 점점 더 팽창했다." '기체'라는 개념에 대한 이 지난한 탐색 과정은 동시에 냄새를 구체적으로 파악하려는 시도를 반영하고 있다.

안하면, '냄새' 연구에 환상적 요소가 끼어든 것도 이해 못할 일은 아니다. 냄새의 감각만이 도시가 내뿜는 숨의 정체를 확인할 수 있는 유일한 도구였다. 향취연구자들(osmologists)은 '공기'와 냄새나는 물질들을 병에 모아 코르크 마개로 꽉 막은 다음, 마치 빈티지 포도주를 다루듯 나중에 마개를 열어 냄새를 비교 기록했다. 파리 지역에서 나는 냄새를 주제로 한 논문 십여 편도 18세기 후반에 출간되었다. 냄새의 분류법을 다룬 논문들인데, 죽은 동물의 시신이 분해될 때 단계마다 발생하는 냄새, 정수리에서 발가락 틈새에 이르기까지 냄새가 나는 일곱 개의 지점, 그리고 똥과 인간이 내뿜는 강렬하고 건강한 냄새와 부패할 때 나는 불쾌하고 위험한 냄새를 구분하는 법에 대해 다루었다. 어떤 논문에서는 도시 거주자 1인당 분비물의 무게와 이 오물이 도시 주변에 쌓일 때의 효과까지 평가했다. 이러한 주제를 다룬 거의 모든 책에는, 저자가 발견하고 묘사한 나쁜 공기의 위험성에 일반 대중이 무감각하다는 사실에 대해 심각하게 불만을 토로하고 있다.

18세기 말에는 이들 급진적인 냄새 이론가들로 인해 신체 노폐물에 대한 사회적 태도에도 변화가 일어났다. 왕이 변기에 앉은 채 고위층을 접견하는 일은 벌써 두 세대 전에 중단되었다. 18세기 중반에 접어들면서 역사상 최초로 배변 행위가 성별 차이를 가진 행위가 되었다. 아직은 특별한 경우였지만 남성용과 여성용으로 분리된 화장실도 생겼다. 18세기가 끝날 무렵, 마리 앙투아네트는 자신의 전용 화장실에 문을 설치하도록 했다. 배설이 사적인 행위로 변한 것이다. 배설 절차가 코는 아니지만 눈에는 보이지 않도록 가려짐에 따라, 그 결과물 또한 손에 닿지 않는 곳으로 치워졌다. 이제 배변과 배뇨는 밀실에 숨어서 하는 일이 되었다. 나폴레옹 전쟁 동안 영국과 프랑스 상류층의 화장실은 두 가지 방향으로 달라졌다. 프랑스에서는 18세기 내실 가구였던 화려한 장식의 스툴을 특별한 용도의 밀실로 옮겨 놓았다. 하인들이 그것을 정기적으로 세척했고, 따라서 상류층 가정에서는 쉽게 눈에 띄지 않는 것이 되었다. 그와 달리 영국 상류층은 18세기 후반이 시작될 무렵에 WC(water closet)를 채택했다. 보통은 밀폐된 벽장 속에 설치했고, 통풍이 잘 안 되는 파이프로 지하실의 오물구덩이와 연결시켰다. 이 과정에서 위생 상태에 뜻하지 않은 되먹임 현상이 발생하여, 영국의 도시 주택들은 부패가 많이 진행된 단계에서 발생하는 새로운 종류의 기체로 가득 차게 되었다. 영국인들은 그것을 엘리트들의 아우라로 익숙하게 받아들였으나, 외국인 방문자들은 18세기 내내 이 독특한 현상에 대해 언급했다. 그러나 그 현상의 기술적 원인이 어디 있는지는 알아차리지 못했다.

배변과 사생활

나쁜 냄새는 배설물뿐 아니라 신체 자체에서도 발산된다는 사실이 새로 밝혀졌다. 그때까지 보온이나 맵시를 위해 입던 속옷을 이제는 땀 제거 기능을 위한 것으로 보기 시작했다. 상류층은 속옷을 더 자주 갈아입고 세탁했으며, 프랑스에서는 비데가 유행했다. 침대 시트와 그것을 정기적으로 세탁하는 것도 중요한 의미를 띠게 되었다. 침대에 시트를 깔고 자는 일에 도덕적이고 의학적인 의미가 부여되었다. 젊은 사람들에게는 담요를 금지했다. 신체의 아우라가 담요에 쌓여 몽정을 하게 만든다는 이유에서였다. 1780년 파리의 시립 자선병원인 '오텔 디외'(Hôtel-Dieu)에서는 환자가 회복된 후에는 각기 분리된 침대에서 자야 한다는 규칙을 정했다. 그러나 이렇게 위생적이고 이상적인 규칙은 빈 회의 이전까지는 대부분의 병원에서 실행에 옮기지 못했다. 1793년 11월 15일, 프랑스 혁명으로 수립된 국민공회는 개인이 자기 침대를 가질 권리를 천부인권으로 엄중하게 선언했다. 시민 개인마다 다른 사람의 아우라로부터 자신을 방어할 완충 공간을 두고, 스스로 자신을 지킬 권리를 갖는다는 것이었다. 이렇게 하여 개인 침대, 변기, 무덤은 시민의 존엄성을 지키기 위해 필수적인 것이 되었다. 모든 이들에게 그것들 가운데 적어도 하나라도 보장해주고 집단 무덤에 묻힐지 모른다는 공포를 가난한 시민들에게서 덜어주기 위해, 세기가 바뀔 즈음에는 자선기관도 설립되었다.

배변이 은밀한 행위로 바뀌고 개인의 아우라를 제거하려는 시도가 나타난 것과 함께, 전 도시의 화장실을 새로운 도시 공간 속의 냄새 없는 지점들로 바꾸는 작업도 실행되었다. 개혁가들의 관심을 집중시킨 첫 번째 장소는 감옥과 정신병원이었다. 무릎 높이로 쌓인 오물 탓에 멀리까지 냄새를 풍기는 곳이었기 때문이다. 재판과 형벌을 기다리거나 추방 대기 중인 사람, 범죄자나 떠돌이나 광인이라는 이유로 일정 기간 감금되어 있는 사람들이 한꺼번에 수용된 곳이었다. 18세기 중반까지의 높은 사망률은 그런 장소의 끔찍한 악취가 원인이었다. 그 무렵 배에서 사용하려는 용도로 발명된 환풍기가 육지에서는 감옥에 처음 설치되었다. 죄 없는 수감자를 수용하는 구역에나마 한 줄기 맑은 공기를 공급하기 위해서였다. 감옥을 환기하는 일은 간수들에게 풀기 어려운 숙제였다. 그리하여 알프스에서 네덜란드에 이르기까지 몇몇 도시에서는 베른의 한 의사가 낸 묘안을 채택했다. 죄수들에게 거리의 배설물을 제거하면서 바람을 쐴 수 있게 하는 것이었다. 이 목적을 위해 쇠사슬에 묶인 사람들이 끄는 수레도 새로 만들었다. 여성들은 자유롭게 움직일 수 있도록 더 가벼운 쇠사슬로 묶어서 도로에 방치된 배설물, 죽은 동물들, 쓰레기를 주워오게 했다. 이 수레들은 인간 신체의 배꼽이나 항문에 비유되는, 도시에서 특별히 악취가 나는 구역에 주로 배치되었다.

인종과 계층의 냄새

냄새는 이제 계층의 특질이 되기 시작했다. 의대생들은 가난한 이들에게서 특정 냄새가 강하게 풍긴다는 것과 그 사람들 자신은 이 냄새를 알아차리지 못한다는 사실을 발견했다. 식민지 관리들과 외교관들도 고향에 돌아와 야만인들은 유럽인과 다른 냄새를 풍긴다는 보고를 했다. 사모예드, 니그로, 호텐토트 등은 종족끼리 냄새로 서로를 구별하며, 그 냄새는 먹는 음식이나 몸을 세심하게 씻는 것으로 달라지지 않았다. 사회가 발전하면 청결성도 증가하는 것으로 여겨졌다. 또한 누군가 더 나은 계층으로 진입하려면 몸 냄새를 제거하고 집에서 아무 냄새도 나지 않도록 주의를 기울여야 했다.

역사를 훑어보면, 사람의 피부에 물을 쓰는 빈도와 정도는 문화에 따라 매우 다양했다. 1930년대까지만 해도 프랑스와 영국의 많은 지역에서는 유아들의 피부가 물에 직접 닿지 않게 보호했고, 엄마의 침을 적신 손수건으로 몸을 닦았다. 많은 지역에서는 인구의 절반 이상이 죽을 때까지 목욕을 하지 않았다. 그들은 태어날 때와 죽은 뒤에만 목욕을 했다. 반면 다른 문화권에서는 일주일에 한 번은 목욕을 하고, 증기를 쐬고, 땀을 흘리고, 피부에서 때를 밀어내는 것이 필수였다.

19세기가 되어서야 비로소 비누가 몸을 씻는 데 쓰였다. 이전까지 단단한 비누는 귀한 화장품이었고, 집에서 잿물 반죽을 만들어 직물 세탁에 사용하는 게 고작이었다. 비누는 스스로 수요를 창출하고, 홍보대리인으로 교육제도를 이용한 첫 번째 산업제품이다.[35]

수십 년 동안 소득수준에 따라 속도는 달랐지만, 교육은 청결한 개인주의라는 새로운 감각을 서서히 일깨우는 도구가 되었다. 새로 등장한 개인들은 균질적인 공간에서 살아야 한다는 것

---

35 비누를 사용하여 피부에 묻은 기름진 물질들을 벗겨내는 방법을 로마인들은 몰랐던 것 같다. 유럽에서도 17세기까지는 의사의 지시를 받아 행하는 시술에 머물러 있었다. 플리니우스의 『박물지』(Plinius, *Historia Naturalis* 28, 191)에는 독일인들이 머리를 붉게 물들여 전쟁터에서 이방인들을 놀라게 하는 용도로 비누를 사용했다고 쓰여 있다. 중세에는 비누가 널리 퍼져 세탁에 주로 사용되었다. 잿물과 중조를 이용하는 세 가지 전통적 기술 즉 유리 제조, 염색, 끓여서 비누 만드는 법은 보통 서로 연관되어 있었다. 물론 끓여서 비누를 만드는 것은 식용으로 쓰지 않는 지방을 얻을 수 있는 곳에서만 가능했다. 남유럽에서 수출한, 향이 첨가된 단단한 올리브유 비누는 14세기 이후로 사치품이 되었다. 18세기에는 고래 사냥과 비누 수요가 서로를 촉진했다. 이에 따라 비누의 가격이 내렸고, 비누 제품들이 더 흔해졌다. 1780년이 되어서야 비누가 만들어지는 과정이 과학적으로 이해가 되었다. 따라서 필요한 성분들의 양을 더 정확하게 계산할 수 있게 되었고, 비누를 대량 생산할 수 있었다. 이후로 40년이 채 지나기 전에 르블랑(Leblanc)의 공법이 비누 제조 산업에 적용되었고, 그로 인해 화학 산업이라는 환경적 위험을 처음으로 대중이 인식하게 되었다. 대량의 염화수소 가스가 발생했고, 높은 굴뚝을 통해 대기 중에 퍼져나갔다. 식물들이 고사했고 뒤이어 삼림자원도 황폐해졌다. 1828년에 환경 피해를 막기 위한 최초의 소송이 갬블 씨(P&G 곧 '프록터 앤드 갬블'의 그 갬블—옮긴이)가 운영하는 공장에 제기되었다. 19세기 말에는 황화수소를 표백뿐 아니라 식수 정화에도 산업적으로 이용할 수 있다는 사실을 알아냈다.

을 알고 있으며, 다른 사람에 대해서도 피부라는 경계 안에만 머무르기를 기대한다. 자신의 아우라가 타인에게 감지되면 부끄러움을 느끼도록 배우고, 자기 출신을 알려주는 냄새가 난다고 생각되면 당황한다. 마찬가지로 다른 사람이 냄새를 풍기면 역겨워한다. 냄새나는 것을 부끄러워하고, 냄새나는 환경 출신이라는 것에 당혹해하고, 냄새의 습격을 언짢아하는 것, 이 모두로 인해 시민들은 다 같이 새로운 종류의 공간에 들어서게 되었다.

교육받은 코—부끄러움과 당황

냄새를 사회적으로 억압한 결과,[36] 세 가지로 수렴되는 태도

---

36 영어로 '냄새'(smell)에 관해 논의할 때는 (나 역시 인도게르만어에 갇혀 있지만) 수많은 언어가 있음을 반드시 기억해야 한다. 따라서 그 단어에 함축된 의미는 오직 영어에만 해당하는 것이라고 보아야 한다. 영어에서 냄새를 느낀다(sense of smell)는 말은 장미의 냄새(smell)를 맡는(smell) 활동을 한다는 뜻이다. 이탈리아에서는 두 동사가 구별된다. "*sento* la rosa che *odora*."(장미가 '냄새 뿜는' 것을 나는 '느낀다'.) 세르보크로아트어에서는 서로 다른 어근에서 나온 명사들을 쓴다. 장미는 향기로운 miris(미리스) 또는 vonj(본)을 내뿜는다. 그러나 내가 그로부터 경험하는 것은 njuh(뉴흐) 또는 osjet(오시예트)다. '향'(fragrant)을 나타내는 단어 대부분은 냄새를 가리키는 단어들에서 왔으며, 때때로 '좋은'(well)이나 '달콤한'(sweet)의 의미를 가진 접두사가 붙는 경우도 있지만, 어쨌든 냄새를 '좋은 냄새'라는 의미로 제한하는 의미가 크다. 반면 '나쁜 냄새'에는 뚜렷이 다른 두 가지 형태가 있다. '향'이라는 단어에 '나쁜'이라는 의미의 접두사가 붙는 경우와, '지독한'(stink) '썩은'(rotten) '부패한'(decay)이라는 의미의 접두사가 붙는 경우다.

이처럼 '냄새'나 '향'을 뜻하는 단어들은 감정적 가치를 강하게 내포하고 있다. '맛'이나 그 밖의 다른 감각들을 가리키는 단어들에서는 이런 감정적 가치가 그보다 덜한 게 사실이다(**Buck**, ch. 15, nos. 15.21-26 참조). 아리스토텔레스가 『영혼론』(*De Anima*, 2.9)에서 이미 썼듯이, 우리는 맛(단맛, 쓴맛, 짠맛)이나 시각(색채, 모양)에 비해 냄새는

가 생겨났다. 첫 번째는 부끄러움이다. 노르베르트 엘리아스(Norbert Elias)에 따르면, 문명화된 부끄러움은 자신의 불결함으로 인해 굴욕적인 수모를 당할지도 모른다는 두려움이 습관화된 데서 나온다고 한다. 부끄러움을 느끼는 사람으로서는 자신의 냄새가 다른 사람에게 가닿는 것에 대해 변명을 하지 못하기 때문에, 분노가 자신을 향한다는 것이다. 그것을 씻어내기에는 이미 늦었으므로 그는 얼굴을 붉힌다. 두 번째는 당황이다. 당황은 부끄러움과 구별된다. 얼룩이 지고 흠집이 있고 지저분한 배경에 대한 자의식 때문에 속상해 하는 것을 말한다. 자기 주변에서 다른 시민의 냄새를 맡고서는 탈취된 도시 공간에 자신이 너무 섣불리 끼어들었다는 것을 알게 될 때 이런 당혹감이 일어난다. 세 번째는 부끄러움에다 당황할지 모른다는 두려움이 겹쳐져서 새로운 후각적 민감성이 발달하는 경우다. 각 개인은 스스로 까다로움에 꽁꽁 둘러싸이고 문명화된 나머지, 타인의 사적

중립적으로 분류하지 못한다. 우리는 다른 감각에 비유하지 않고서는, 또는 냄새 맡은 그 사물을 보여주지 않고서는, 자신이 맡은 냄새를 다른 사람에게 설명하지 못한다. 우리는 '좋은'과 '나쁜'이 양극단을 점하고 있는 연속선상에서 내가 맡은 냄새가 어디쯤에 위치하는지 구분해보는 수밖에 없다. 우리가 지각하는 아우라의 연속선상에서 중간 부분이 정확히 어디인지는 말로 표현할 수 없다. 이처럼 코는 공간을 연속적으로 지각하기 때문에, 그 지각은 무차원적이고 복합적이며 강한 지향성을 띨 수밖에 없으며, 냄새를 악취도 향기도 아닌 것으로 경험한다. 그래서 독일어 고어에는 냄새에 관한 단어들이 현대 독일어보다 세 배나 더 많았다. 데카르트식 차원성으로 모든 것을 설명하려는 경향이 점차 강해지면서 공간 지각에 미치는 영향도 커졌고, 아우라에 대한 감각을 약화시키거나 소멸시킨 것이다.

영역에 다가서지 않으려 한다. 모두가 모든 이에 대해 스컹크가 된다.

향수로 지운 아우라

냄새 없는 사생활들로 채워진 균질적 공간이 새로 탄생하자, 향수도 새로운 의미를 얻게 되었다. 신사가 집으로 돌아와 오버코트를 벗을 때, 그는 자기 여인만의 향기로 가득한 가정의 영역 안으로 들어가는 꿈을 꾼다. 향수는 성노동자다. 향수는 이제 아우라를 씻어낸 새로운 '인간'의 신체에 인공적인 2차 성징을 제공했다. 노동, 건강, 교육 같은 다른 자질들과 마찬가지로, 냄새 역시 남성적/여성적 유형으로 자연스럽게 양극화된 추상적 자질로 여겨지게 되었다. 제비꽃과 장미꽃 향이 나는 그녀와 가죽과 시거 향이 나는 그.[37]

---

37 1984년 한 해 동안 나는 냄새의 역사성과 관련하여 공적 문제들을 다룰 기회를 여러 차례 가졌다. 회의가 열릴 때마다 적어도 한 사람이 계속 나의 주의를 끌었는데, 발표를 듣는 동안 나는 선사시대에 있었던 사건들에 대해 입을 다물고 삭혀야 했다. 그러다 논의가 불가피하게 지그문트 **프로이트**의 『문명 속의 불만』에 이르게 되었다.

"원시 인간이 말 그대로 노력해서 운명을 향상하는 것이 자신의 손에 달려 있음을 깨달은 뒤에는, 자기 말고 다른 인간이 같은 노력을 하고 있는지 또는 자신을 견제하고 있는지에 대해 무관심할 수 없게 되었다…. 그보다 앞선 유인원 시절에 인간은 가족을 형성하는 습관에 적응했고, 가족구성원이 첫 번째 조력자가 되었을 것이다. 추측건대 생식기를 만족시킬 필요가 손님처럼 갑자기 오는 것도 아니고, 또 손님이 떠나고 난 뒤 오랫동안 소식이 없는 것도 아니므로, 임시 숙소를 영구적 숙소로 만들기로 한 순간부터 향은 그 의미뿐 아니라 화학적 측면에서도 시대가 낳은 산물이었다. 향수는 오래된 물질이지만, 유행품으로서의 근대 향수의 역사는 카트린 드 메디시스(Catherine de Médicis)가 수행원의 한 명으로 전속 조향사를 데리고 파리에 도착한 16세기 초반에 시작되었다. 왕비와 함께 온 르네 드 플로렌스(René de Florence)는 퐁 뒤 샹주에 가게를 열었고 곧 많은 손님이 몰려들었다. 그녀는 수백 년 간 알려져온 원료들을 새롭게 사용함으로써 전통을 깨뜨렸다.[38] 그녀는 개인 맞춤 조제에 어떤 원료를 써야 하는

가족의 생성도 가능했을 것이다. 이런 사건과 함께 남성은 여성을 곁에 두고자 하는 동기를, 좀 더 일반화해서 말하면 성적 대상을 두려는 마음을 갖게 되었다…."

이 구절에 붙어 있는 각주도 읽어보자. "유기체의 생식 과정의 주기성은 영속적이고, 그것이 진실이기는 하지만, 그것이 심리적인 성적 자극을 불러일으킨다기보다는 그 반대가 맞을 것이다. 이런 변화가 일어난 것은 생리 과정이 남성 심리에 유발하는 부정적 효과를 막으려고 후각적 자극이 축소된 것과 관련이 있을 가능성이 크다. 생리에 대한 금기가 생겨난 것은 이미 한 걸음 나아간 발전 단계를 지키고자 하는 '유기체 억압'에 이유가 있을 것이다. 그 밖의 다른 모든 동기는 아마 부차적으로만 작용했을 것이다. 이처럼 후각적 자극이 위축된 것 자체는 인간이 땅에서 일어서서 직립보행을 한 데서 비롯된 듯하다. 직립보행으로 인해, 이전에는 원뿔형이어서 눈에 잘 띄고 그래서 보호가 필요했던 생식기가 이제는 인간에게 수치심을 안겨주게 된 것이다."

프로이트의 이러한 구절들은 냄새의 역사를 탐구해온 많은 사람에게 깊은 영향을 미쳤다. 하지만 20세기 초반 사람들은 이제는 구식이 된 이런 분석을 받아들일 수 없었다. 자크 **기예름**(Jacque Guillerme)을 참조하라. 적어도 18세기 프랑스에서는 강한 냄새가 양호한 건강을 연상시켰다는 점을 많은 사람들이 쉽게 부인한다. **튈리에**(Thuillier, 1968/1977)를 참조하라. 특히 어린아이들의 경우에는 기름진 피부가 질병을 막아준다고 좋게 생각했다. 따뜻한 물로 목욕하는 것은 감각적 쾌락이나 죄와 관련이 있었다. 향수의 성적 양극화는 19세기 부르주아들에게서 볼 수 있는 현상이다.

38 고대의 향수 제조기술에 대해서는 **포브스**(Forbes, 1965)를 참조하라. 아리스토텔레스의 제자이자 수사학자인 테오프라스투스(Theophrastus), 그리스의 약학자 디오스코리데스(Dioscorides), 그리고 플리니우스(Plinius)가 쓴 글들을 소개하고 있다. 고대의 시

지에 대해 전문적 식견을 가지고 있었다. 루이 14세가 지배하는 시대가 되자 향은 개인의 선호보다는 계절적 유행을 따르기 시작했다. 계절이 바뀔 때마다 궁정에서는 새로운 향을 지정했다. 엄청난 돈이 유행의 물결을 가속화하는 데 쓰였고, 각기 다른 향수들을 유행시켰다. 사용되는 원료로는 동물성 향이 압도적이었다. 용연향, 사향노루, 사향고양이, 그리고 설치류의 생식기에서 뽑아낸 것들도 있었다. 그러나 마리 앙투아네트 시대에는 식물 원료에서 뽑아낸 농도 옅은 기름으로 유행이 바뀌었다. 그러다가 나폴레옹이 갑자기 등장하면서 궁정의 향은 다시 동물의 분비샘 냄새로 돌아가기도 했다. 빈 회의 이후에야 비로소 꽃들이 대부분 화장수의 형태로 '살롱'을 지배하게 되었다. 낭만적 부르주아의 분위기는 궁정과 극단적 대조를 이루었다. 부유한 숙녀는 향기 나는 비누로 몸을 씻기 시작했고, 식물 향을 뿌려서 자

에서 냄새를 다룬 방식에 대해서는 **릴리아**(Lilja)와 **데티엔**(Detienne)의 연구를 보라. 향수 제조기술은 19세기 초반에 달라졌으나, 향수를 사용하는 감각경험에 관한 이론은 변하지 않았다. **라루스**(Larousse, vol. 12)가 쓴 '향수'에 대한 논문(무려 1876년에 발표되었다!)을 참조하라. "몸에서 나는 향기는 지각할 수 없고 평가할 수 없는 것인가, 아니면 후각 신경에 역동적으로 작용하는가? 빛이 눈의 망막에 작용하고 소리가 청각을 자극하는 것과 비슷한 방식인가? 끈기 있는 연구에 의해, 30미터 떨어진 공간에 사향 한 묶음이 24시간 동안 놓여 있으면 무게의 감소 없이 57개의 미립자를 잃는다는 사실이 수학적으로 밝혀졌다. 어떤 이론가는 색채가 신경 시스템에 영향을 주는 방식으로 향기도 진동한다고 상상할 수 있다고 제안했다. 다이아몬드가 빛의 파동을, 하프가 소리의 파동을 만들어내듯이, 어떤 물체가 냄새-파를 방출한다고 가정하는 것은 매우 타당하다. 이러한 냄새의 파동은 놀라운 속도로 매우 먼 거리로 퍼져나갈 것이며, 아마도 영양학적 가치를 지니고 있을 것이다."

신만의 취향을 돋보이게 했다. 이러한 향은 불안정하고 성가셨으며, 향이 '가벼워서' 자주 덧뿌려야 했다. 집안에도 냄새가 남았고, 과시적 소비의 상징이 되었다. 루소는 『에밀』에서 "향기가 기대했던 만큼의 효과를 주지는 못했다"고 말한다. 나폴레옹 3세 치세가 되자 이전에 성 분비물을 추출하여 사용했던 향수는 방탕의 상징이 되어버렸다. 19세기 중반의 부자들은 은은한 향기를 풍겼고, 중간 계층들은 몸을 깨끗이 씻었으며, 가난한 대다수 사람의 악취를 제거하는 것이 계몽 운동과 위생 경찰의 주된 목표가 되었다.

제6장

현대의 물

Today's Water

변기에 물을 사용하다

예로부터 향수는 '화장실'(toilet)의 일부였지만 이 단어에 물을 암시하는 뜻은 없었다.[39] 18세기에 '화장실'이라는 용어는 머리를 빗고, 몸단장을 하고, 분을 바르고, 화장하고 향수를 뿌리고, 옷을 차려입고, 그러고 나서 화장의 마지막 단계인 내실로 방문객들을 들이는 의미까지 포함하고 있었다. 하지만 화장실은 물을 싫어했고 흐르는 물이 연결되어 있지도 않았다. 물이 피부 건강에 좋지 않다는 것이 당시의 의학적 견해였다. 화장실에 들일 수 있는 물이라고는 젖은 수건 정도였다. 무어인, 유대인, 핀란드인이 유럽에 처음 공중목욕탕을 소개했을 때도 목욕은 외모를 위한 것이 아니라 건강을 위한 것이었다. 19세기 이전까지 물로 씻는 것은 화장하는 과정에 속해 있지 않았다. 1830년대가 되어서야 스펀지로 알몸을 닦는다는 표현을 여성에게 쓰게 되었다. 그로부터 수십 년이 지나면서 차츰 목욕에 사용하는 물의 양도 늘어났고, 화장실을 욕조가 놓인 장소의 의미로 쓰게 되었다. 목욕용 구리 대야를 빌려주는 지역 업자들도 등장했다. 1880년 무렵부터 에나멜페인트의 산업적 생산이 가능해지면서 값비싼 구

39 '투알레트'(toilette)는 원래는 장인들이 도구를 모아서 싸두는 천을 의미했다(14세기). 그러다가 솔과 빗을 넣어두는 천으로 바뀌었고(16세기), 다시 옷을 펼쳐 놓거나 밖에 걸어두는 의미로 사용되었다(17세기).

리 대신 철이나 아연 용기가 쓰였고, 소박한 가정에서도 욕조를 들여놓게 되었다. 나중에는 샤워기가 욕조의 자리를 차지했다.

아파트 내부에 '욕실'이 생기자, 예전에는 서로 다른 활동이었던 세 가지 일—목욕, 몸 씻는 일, 아침저녁으로 옷 갈아입는 일—이 하나로 합쳐졌다. 변기가 놓였고, 남자들은 이발소에 가는 대신 직접 면도를 했다. 이렇게 하여 '화장실'은 잠긴 문 뒤쪽으로 물러났고, 비눗물을 씻어내고 배설물을 하수도로 흘려보내기 위해 물이 나오는 수도꼭지가 설치되었다.

욕실의 모든 기능이 하루아침에 갖춰진 것은 아니다. 오페라 가수 마드무아젤 데샹은 1750년 무렵 런던에서 파리로 돌아오면서 내부가 거울로 된 벽장 두 개를 가져와 하나에는 수도꼭지를, 다른 하나에는 개수대를 설치했고, 이로 인해 도시의 이야깃거리가 되었다. 그로부터 백 년이 더 흐른 뒤에는 도시 주택의 3~5개 방들 가운데 하나가 화장실이 되었다. 1769년 파리에 근대적 하수도 시스템을 처음 설계한 건축가 피에르 파트(Pierre Patte)는 고용주에게 당시 도시의 배치 형태에 대해 보고하면서, 수돗물과 교통의 순환을 원활하게 하려면 후임자들이 화장실과 차고 주위에도 하수도를 설치해야 한다고 말했다.

근대의 신체가 도시 물의 순환 회로에 통합되는 장소를 '욕실'이라 부른다는 사실이 명백해진 것이다.[40] 욕실이라는 용어는 『옥스퍼드 영어사전』의 최초 판본에는 등장하지 않는다. 처음 등재된 것은 보유편(1972)에서이고, 1888년에 최초로 언급된 흔적을 찾아볼 수 있다. 이 용어의 선택이 보여주는 사실은, 앵그르, 쿠르베, 코로, 르누아르가 강물 속이나 폭포 아래나 터키식 목욕탕을 배경으로 자연과 누드의 합일 장면을 그렸지만, 실제로는 그 일이 가까운 화장실에서 일어났을 거라는 점이다.

거름이 가득한 파리

몸을 씻는 데 물을 사용하는 것과 도시 공간의 '화장실'에서 물을 사용하는 것은 서로 밀접한 관계 하에 일어난 일이다. 물론 모든 근대 국가에서 같은 속도로 일이 진행된 것은 아니다. 파리는 결코 런던의 속도를 따라잡을 수 없었다. 1835년 프랑스 연구소의 한 보고서를 보면, 공중변소를 설치하고 센 강으로 통하는

---

40 서구 역사에서 '목욕'의 의미가 변해온 역사는 기록되어 있지 않다. 따라서 그 역사는 불가피하게 세례에 관한 역사적 사실들과 관련성을 지닐 수밖에 없다. 초기 그리스도교도가 목욕을 대했던 태도는 **위트너**(Jüthner)를 참조하라. 중세의 목욕에 대해서는 **보귀에**(Vogüé, 1100-03)가 기록으로 남겼다. 건강과 즐거움을 위한 목욕은 종교개혁과 함께 오랜 세월 동안 유럽에서 사라졌다. **손다이크**(Thorndike)는 옛 독일문학에 나오는 온천요법, 즉 의료적 치유를 목적으로 하는 목욕의 목록을 영어 주석들과 함께 작성했다. **라이트**(L. Wright)의 책은 욕실 설비에 대해 가장 이해하기 쉬운 대중적인 해설을 제공하고 있지만 참고문헌이 부족하다. 그 책의 첫 부분은 오해의 소지가 있다. 저자가 일반적인 행동에 대한 결론을 내리면서, 대표적 발명품이라기보다는 예외에 속하지만 끝내 살아남은 특이한 기구들을 고려하지 않았기 때문이다. 하지만 19세기 후반 즈음의 '목욕'의 역사에 대해 그는 충분히 가치 있는 정보들을 제공해준다. **스콧**(Scott)은 19세기에 바다를 목욕할 수 있는 곳으로 보기 시작한 사실에 대한 정보를 제공해준다.

수로를 파서 배설물을 흘려보내자는 제안을 기각한 사실이 나온다. 그런 결정을 내린 것은 반영 감정이나 강에 대한 염려 때문이 아니었다. 인간 및 말의 배설물과 함께 쓸려나갈 엄청난 경제적 가치를 지키기 위해서였다. 20년 뒤 파리에서 발행된 『현대화학지(誌)』의 편집장은 그런 '공적인 실책'에 대해 반대 입장을 다시 한 번 표명한다.

19세기 중반 즈음 파리 제6구에서는 1인당 50킬로그램에 달하는 샐러드, 과일, 채소를 생산했다. 1980년의 1인당 소비량보다도 많은 양이다. 마레 지구에서는 1헥타르 당 6.5명이 밭농사와 쓰레기 수거 작업에 전일제로 고용되었고, 더 많은 인원이 판매자로 일했다. 40년 간 해마다 6퍼센트씩 작물 재배 면적이 늘어날 만큼 새로운 '거름'이 나왔다. 작물 재배 기술은 1880년대에 이미 거의 최대치까지 발전하였다. 간작(間作)과 연작(連作)을 한 해 6회까지 했고 수확도 3회가 넘게 했다. 겨울에도 열 발효로 꾸준히 거름을 만들었고, 풀로 엮은 종 모양의 덮개를 씌우거나 거적을 덮어 놓았으며, 도시 내부의 소규모 농지에는 2미터 높이의 담장을 쳐서 작물을 생산했다. 파리에서 런던으로 녹색 채소를 수출했다는 크로포트킨(P. Kropotkin)의 1899년 보고는 결코 황당한 얘기가 아니었다. 게다가 파리의 부엽토를 도시 밖으로 보낼 수 있다면 이 시스템으로 도시에서 경작할 수 있는 것보다 더 많은 거름을 생산할 수 있기에, 늙은 연금생활자들에게 거리의 분뇨를 모으게 하여 새로 놓인 철도로 이 도시 생산물을 시골로 옮기자는 제안도 나왔다. 1865년에 81킬로미터의 수로가 처음 완공되었고, 1871년에는 106킬로미터 길이가 더 추가되었지만, 이후에도 배설물의 이동에 물을 사용하는 것은 여전히 드문 예외사례로 남아 있었다.[41]

19세기의 3/4분기에는 하수도의 가치를 둘러싼 두 나라의 이념이 영국 해협을 사이에 두고 서로 맞섰다. 빅토르 위고는 프랑스의 입장을 문학적으로 표현했다. 그는 도시 내부를 묘사한『레 미제라블』의 한 장에서, 파리가 치유 불가능한 변비에 걸려 있다

---

41 파리 일상생활의 물리적 환경에 대해서는 **파르주**(Farge, 1979/1982)를 참조하라. 물은 수원지에서 끌어 오거나 물장수들이 팔러 다녔다. 19세기 중반이 되면, 마을마다 있는 공용세탁장이 현대화되고 지지대 없는 지붕으로 덮인다. 이런 세탁장이 1848년에는 37군데, 1860년에는 126군데, 1886년에는 422군데로 늘어났다. 하수도를 둘러싼 공개토론에 대해서는 **사디**(Saddy), **자크메**(Jaquemet), **기예름**(Guillerme)을 참조하라. 파리의 도시농업에 대한 문헌과 2차 자료에 대해서는 **스탠힐**(Stanhill)을 참조하라. 프랑스의 지방에서 물을 사용한 역사에 대해서는 **튈리에**(Thuiller, 1968)를 참조하라. 이와 관련된 이념상의 갈등에 대해서는 **베갱**(Beguin)을 참조하라. 냄새 없는 도시라는 유토피아에 대해서는 **글라이히만**(Gleichmann)을 참조하라. **로슈**(Roche)에 의하면, 수도관을 통해 파리에 공급되는 물의 총량은 1700년에서 1789년 사이에 두 배가 되었다고 한다. 그러나 가정에서 사용하는 소비량은 거의 증가하지 않았다. 인구가 증가했고, 뤽상부르 공원과 튈르리 궁전의 엄청난 분수의 물을 대는 데 다 써버렸기 때문이다. 로슈는 1789년 파리에 80만 명이 거주했을 것으로 판단한다. 공중목욕탕이 300군데, 임대 양동이가 200개, 개인 주택에는 기껏해야 1,000개의 욕조가 있었을 거라고 한다. **뮐러**(Muller)는 1780년에서 1789년 사이에 병에 담긴 물이 유행했다고 기록했다. 제정 말기에는 프랑스 전역의 왕립기관에서 그 유통을 감독했다. 고객을 위해 깨끗한 물을 승인하고 검사하는 일은 새로운 전문직이 되었다. 파리에서는 22종류의 물이 팔렸고, 리옹에서는 17종류가 팔렸다. 커다란 병 하나인 파인트(약 0.5ℓ) 당 가격이 노동자의 하루 일당에 맞먹었다.

고 말한다. "의심할 나위 없이 파리의 하수도는 수천 년 간 이어져온 도시의 질병이며, 벌어진 상처가 밑바닥까지 곪아 터져있다. 그리고 그것이야말로 도시의 원래 체질이다." "도시는 그 핏속에 하수도와 악을 지니고 있다." 배수구를 가득 채우고 있는 더러운 물질을 더 늘리려는 어떤 시도도 이미 존재하는 도시의 하수구(*cloaca*)에 대한 형언할 수 없는 공포만 늘릴 뿐이라는 얘기였다.

우주적 변비라는 환상을 묘사하는 이 증언은 하나의 예술 작품으로 읽어야 한다. 중세 하수도에 대한 공포를 언급하는 이 표현들을 역사적 지식으로 읽어서는 안 된다. 12세기에 파리의 집주인들은 뚜껑이 없는 통에 마시는 물을 보관했다. 양 어깨에 나무 양동이를 지고 물 나르는 이들과 계약을 맺고서 집안의 물통에 물을 가득 채웠다. 우물물 대부분이 염분이 섞인 맛이었으므로, 마시는 물은 센 강에서 길어 왔다. 파리가 성곽에 둘러싸여 있던 13세기에는 옛 수로를 통해 공공우물 네 군데를 채웠다. 땅 밑의 하수도는 문제가 되지 않았다. 1412년 문서에서 언급하고 있는 '대하수구'는 진짜 하수도가 아니라 메닐몽탕 지역에 흐르는 개천을 말하는 것이었고, 1740년까지는 축대를 쌓지 않다가 한 세대가 지난 다음에야 복개를 했다. 도시 성곽 바로 바깥을 지나는 부분에 둑을 쌓은 것은 채소를 재배하기 위해서였다. 파리 대주교와 노트르담 성당의 참사회원들은 12세기부터 그곳에서 줄곧 채소를 재배했다. 17세기에는 이 개천이 초부유층의 가든파티 장소로 선호된 화려한 폴리레뇰 가를 먹여 살렸다. 물리적 사실과 도시 지하를 흐르는 검은 물이라는 문학적 주제는 모두 19세기가 낳은 산물이다. 그 이미지는 시신의 내장기관에 대한 새로운 해부학적 시각을 반영하고 있음이 분명하다.

오염된 런던 하수도

해협 맞은편에서는 훗날 에드워드 7세 국왕이 되는 웨일스 공이 하수도의 가치에 대해 정반대되는 의견을 펼치고 있었다. 그는 자신이 왕세자가 아니었다면 그 다음으로는 배관공이 되면 좋았을 것이라고 말한 적도 있다. 수공학(水工學)에 대한 이런 열광적 지지를 이해하려면, 1848년과 1855년 사이에 런던 하수를 개선하기 위한 의회 위원회가 최소 여섯 번 이상 구성되었다는 것을 기억해야 한다. 이런 노력에도 불구하고 상황은 쉽게 개선되지 않았다. 워털루 다리와 웨스트민스터 다리 사이에 있는 템스 강 둑에는 썰물 때면 드러나는 역겹고 악취 나는 진흙이 두껍게 쌓여 있었다. 1849년에, 그리고 1853년에서 1854년 사이에 또다시 아시아 콜레라가 유행하여 약 2만 명의 사람들이 목숨을 잃었다. 전염병이 돌고 있는 중에 의회에서는 더 엄중한 새 법령을 통과시켰다. 런던 대중의 배설물을 더 효율적으로 제거하기 위한 청소 관련법이었다. 그러나 템스 강의 새로운 오염원은 대중의 배설물이 아니었다. 상류층이 집안에 설치하기 시작한 화장실이 주된 원인이었다.

런던에서 화장실은 급속한 속도로 늘어났다. 화장실이 집주인의 사회적 지위를 높여준 데도 부분적 이유가 있었다. 법령에 의하면, 화장실의 내용물은 소유자의 소유지에 판 오물구덩이로 보내야 했다. 그러나 아무리 금지를 해도 많은 오물구덩이들이 주 하수도와 연결되어 있었다. 19세기 중반의 이런 하수도들은 대부분 예전부터 있던 운하들을 변경한 것이어서, 양쪽에 축대는 있었지만 지붕은 덮지 않은 채로 시내로 뻗어 있었다. 하지만 그로부터 20년이 지난 뒤 영국의 엔지니어들은 화장실을 금하지 않으면서도 런던의 위생 상태를 나아지게 한 데 자부심을 가질 수 있게 되었다. 단 두 세대 만에 그들은 물 소비량이 파리 수준인 도시에서 하수 계산, 설계, 구조, 유지, 통풍 등 하수 처리의 세계적 전문가로 거듭날 수 있었다. 미래의 에드워드 7세는 자기 시대가 이룩한 기술적 진보에 찬사를 보냈다.

미국 가정의 수세식 화장실

19세기 미국 상수도의 역사는 물에 대한 전통적 태도로부터 별로 영향을 받지 않은 것처럼 보인다.[42] 대부분의 도시에 유럽

각국 출신의 이주민들이 정착하면서 목욕탕, 화장실 접근성, 청결과 관련된 자국의 관습을 제각기 옮겨 왔다. 19세기 초반까지 미국의 모든 도시는 지역의 수원지 즉 우물, 물탱크, 샘물, 강에서 물을 얻었다. 마시고 요리하고 세탁하는 데 1인당 하루 4~12리터의 물을 사용했다. 주거지가 널리 펼쳐진 형태를 이루고 있었기 때문에, 산업용으로 물을 사용하는 시설은 시외로 나가기를 권장했다. 동시대 유럽과 달리 대부분의 미국 도시는 목재로 건물을 지었다. 19세기 초의 대화재로 인해 불을 끄는 데 사용할 물이 필요하게 되었다. 1860년까지 약 140군데의 급수시설이 건설되었다. 기술이 획기적으로 발전한 덕분에 이러한 사업이 가능했다. 로마시대 때부터 급수시설은 골짜기 위를 가로지를 수 있도록 높은 위치에 건설하는 게 일반적이었다. 하지만 19세기의 마지막 4분기 동안 미국 도시에 설치된 급수시설은 이런 수고스런 제약에서 벗어날 수 있었다. 강한 수압을 견딜 수 있는 견고한 쇠파이프가 새로 개발되어 굴곡진 지형에 그대로 놓을 수 있게 되었기 때문이다. 불을 끄는 용도로 급수시설을 건설하

---

42 **케너드**(Kennard), **롤린슨**(Rawlinson), **도마**(Daumas)의 책에서 소개한 중세 이후의 급수 기술 외에, 미국 동부해안 지방의 물의 사회사에 대해서는 **블레이크**(Blake)를 참조하라. **타르**(Tarr)의 책은 미국 하수도의 사회사에 관한 값진 개론서이다. 가정에 끼친 물의 영향에 대해서는 **슈트라서**(Strasser)와 **판 더르 린**(Van der Ryn)을 참조하라. 항박테리아 방어책이 미국 정책의 중심이 된 이데올로기적 기원에 대해서는 **템킨**(Temkin)을 참조하라.

면서 미국 도시들은 처음에는 수압을 걱정했다. 그러나 곧 새로 개발된 쇠파이프와 적절한 수압을 조합하면 가정에도 물을 직접 배급할 수 있음을 알게 되었다. 가정까지 수도가 연결된 곳이라면 어디든 물 소비량이 20배에서 60배까지 증가했다. 이것은 보통 하루에 120리터에서 400리터까지 물을 사용한다는 의미였다. 수세식 화장실을 갖춘 집은 미국 문화의 상징들 가운데서 지배적 위치를 점하게 되었다.[43]

수돗물의 1인당 공급량이 처음으로 로마 시대의 수준에 이르게 되었다. 그러나 미국의 물 배급은 로마와는 비교할 수 없을

---

43 19세기를 거치면서 사회적 지위와 청결은 더욱 관계가 깊어졌다. 역사를 통틀어 많은 사회에서 이방인은 병을 전염시킬 수도 있다는 위생적 이유로 인해 접촉을 피해야 할 존재로 취급되었다. 19세기에 하층계급은 더 이상 부정한(*impure*) 계급이 아니라 깨끗하지 않은(*unclean*) 계급이 된다. 발자크의 소설은 이런 변화를 기록한 풍부한 자료다. **파이퍼**(Pfeiffer)를 참조하라. "강렬하고 야성적인 농부의 체취"는 이제 숙녀의 세련된 코에 견딜 수 없는 것이 되었다. 세련된 숙녀에게서는 "부르주아지의 매력적인 향"이 풍겼다. 잘 씻고 교육받은 계급에게 하층계급의 썩은 내가 의식되기 시작한 것이다. **페로**(Perrot)를 참조하라. 매춘부는 품위 있는 가정을 망가뜨릴지도 모를 남성의 욕정을 배출하는 하수구에 비유되었다. 사회적으로 성공한다는 것은 깨끗해지는 것을 의미했고, 품위 있고 깨끗한 집에 살게 되었다는 것을 뜻했다. 그러나 특히 유럽 대륙에서는 그 방점이 기본적으로 먼지가 없고 깨끗한 집에 찍혀 있었다. 이와 관련된 스위스 사례에 대해서는 **헬러**(Heller)를 보라. 미국에서는 자기 집이든 남의 집이든, 집 자체가 독특하고 지배적인 문화적 상징이 되었다. **콘**(Cohn)은 사람들이 집에 대해 무엇이라고 말하는지, 집의 어떤 부분을 칭찬하는지, 그리고 그들이 지키려는 문화적 가치를 어떻게 집에 반영해서 말하는지에 대해 연구했다. 세기가 바뀔 즈음에 미국에서는, 청결함이 바람직한 집의 다른 모든 자격 요건들을 제치고 가장 위로 떠올랐다. 소수 집단도 청결함을 얻기만 하면 주류 문화에 통합될 수 있었고, 이들은 그렇게 사라졌다. 이 점에 대해서는 **라이트**(G. Wright)를 참조하라. 19세기에 벌어진 대대적인 청소의 의의에 대한 고찰은 **엔첸스베르거**(Enzensberger)를 참조하라.

정도로 민주적이었다. 이렇게 넉넉해진 수량의 많은 부분이 폐기물을 치우는 데 사용되었다. 남북전쟁 때까지 인구가 십만 이상인 도시는 모두 급수시설을 갖추었다. 19세기 말에는 약 3,000개의 급수시설이 인구 2,500명 이상의 소도시 대부분에 설치되었다. 그러나 이런 사실이 바로 많은 가정에 물이 즉각적으로 공급되었다는 의미는 아니다. 인디애나주 먼시의 기록을 살펴보자. 1890년에 먼시에 거주하는 가정 가운데 약 12~20퍼센트는 꽤나 불편한 방식으로 물을 얻었다. 아마도 마당에 있는 소화전이나 야외에 있는 쇠로 된 물탱크의 꼭지에서 받아서 썼을 것이다. 대부분은 뒷마당에 있는 우물에 펌프를 설치해서 썼다. 남북전쟁 초기까지도 화장실이나 욕조는 상당한 사치품이었다. 수도국에서는 그런 시설을 갖춘 집에 별도의 세금을 부과했다. 1893년 볼티모어에서는 인구의 80퍼센트가 변소를 옥외에 두고 있었다. 당시 뉴욕에도 실내 화장실을 갖춘 집은 절반 정도에 불과했다. 1866년 시카고에는 여덟 집 가운데 한 집씩에만 하수도가 있었다. 물과 음식물 쓰레기는 대부분 여성들이 운반했다. 1차 세계대전이 끝난 뒤에야 비로소 욕실이 사치품 목록에서 제외되었다. 1921년에서 1924년까지의 4년 동안 미국 전체에서 욕실이 두 배로 늘어났다. 1920년대 후반의 국가조사에 따르면, 도시 가정에서는 71퍼센트가, 시골 가정에서는 33퍼센트가 집안에 욕실을 갖추게 되었다. 그 무렵 물은 대부분 씻고, 세탁하고, 변기

를 세척하는 일에 사용되었다.[44]

오물이 뒤섞인 물이 처음 향했던 곳은 오물구덩이나 개량 변소였다. 이로 인해 1880년 무렵 미국 전역의 도시에서는 예기치 못한 사건이 일어났다. 모든 곳에서 오물구덩이들이 흘러넘친 것이다. 주변 토양이 물을 더 이상 흡수하지 못했기 때문이다. 로드아일랜드 주정부는 주민들이 미처 처리하지도 못할 많은 양의 물을 거주지로 끌어오는 데서 심각한 위생 문제가 발생한다고 확신했다. 펜실베이니아의 보건장관 벤저민 리는 다음과 같이 경고했다. "막대한 양의 물 공급이야말로 심각한 오염을 광범위한 지역으로 번지게 하고, 공중보건에 대한 불필요한 편견을 일으키는 원인이다."

미국 문화를 통합한 WC

물의 순환에 관한 기초 경제학도 등장했다. 물을 공적인 관

44 **슈트라서**(Strasser)의 책 전반에서 인용한 내용이다. 이런 변화는 언어에도 반영되었다(**Mencken**, 639-41쪽 참조). 1870년 무렵에는 구식 변소가 사라졌다. 화장실, 대기실, 욕실, 휴게실이 등장했다. 미국에서는 여전히 공중변소를 외설적으로 취급했고, 영국에서는 거의 사라졌으며, 프랑스에서는 '베스파지엔'(*vespasienne*, 남자용 공중변소)이라고 불렸다. 파우더룸은 몇몇 교양 있는 무허가 술집 주인이 여성용 대기실을 일컫던 말에서 비롯되었다. 다른 호칭들로는 레스트룸, 드레싱룸, 레이디스룸, 물품보관소 등등이 있다. 『옥스퍼드 영어사전』은 특히 미국에서 'toilet'이라는 단어가 쓰인 기원을 1819년으로 추정한다.

리 하에 두건 사적인 관리 하에 두건, 막대한 양의 물을 처리하는 데 드는 비용이 처음 물을 끌어들일 때 드는 비용보다 몇 배나 더 든다는 사실이 밝혀졌다.[45] 미국의 많은 대도시들처럼 오수와 빗물 하수구를 통합하기로 결정한 경우일수록 이런 불균형이 더 심각하다는 사실도 드러났다. 그런 결정은 도시 안으로 끌어들인 양보다 훨씬 많은 물을 도시 밖으로 운반할 수 있는 하수도를 건설해야 한다는 의미였고, 또한 갑작스럽게 폭우가 쏟아져 하수도의 용량을 넘어설 때도 거리에 오수가 흘러넘치지 않도록 오차의 여지를 감당할 수 있는 하수도를 놓아야 한다는 의미였다.

예상치 못한 두 번째 변수로 인해 하수도 건설비용은 더 증가했다. 엔지니어들은 강물이나 호수 같은 물의 자연스런 흐름이 문제를 완전히 없애주기라도 할 것처럼 오폐수를 희석하고 분산시켰다. 하지만 화장실에 의존해 청결을 유지하려는 이념 때문에 주거지 근처의 오물구덩이 주변에 인공 습지가 생겨난 것처

45 **칼비노**(Calvino, 114-15쪽)는 이렇게 쓰고 있다. "레오니아 시는 날마다 스스로를 재단장한다…. 보도 위에는 어제의 레오니아가 남긴 흔적들이 깨끗한 비닐봉투에 담긴 채 쓰레기차를 기다린다. 하지만 이처럼 거부당한 화물들을 자신이 매일 실어 나른다고 생각하는 사람은 아무도 없다. 이렇게 도시는 분명히 도시 바깥으로, 그것도 해마다 확장되고 있다…. 무너뜨릴 수 없는 쓰레기의 요새가 레오니아를 둘러싸고 있다. 그것은 마치 산맥처럼 도시의 사방팔방을 차지하고 있다. 결론은 이러하다. 레오니아가 물건을 더 많이 방출할수록 그것은 더 높이 쌓일 것이다. 과거의 비늘들이 갑옷에 달라붙어 아무도 떼어낼 수 없게 될 것이다. 도시는 날마다 새로워지지만, 그 모든 것은 제한된 형식 안에서만 보존되고 있는 것이다…."

럼, 강물이 오염되고 상류 도시에서 나온 선물들이 하류의 상수원까지 흘러들게 된 것도 같은 이유 때문이라는 사실을 엔지니어들도 서서히 알게 되었다. 19세기 말에는 분변매개 감염병이 수돗물을 통해 퍼지는 일이 흔하게 일어났다. 물의 순환이 전염병 확산의 주된 원인으로 작용한 것이다. 엔지니어들은 늘 제한적이기 마련인 재원을 하수 처리에 쓸지 급수에 쓸지 선택해야 하는 상황에 직면하게 되었다. 20세기 중반까지는 물을 소독해서 급수하는 쪽을 택했다. 하지만 정수 시설과 염소를 이용한 화학적 처리법을 동원한 결과 비용이 점점 올라가게 되었다.

엔지니어들이 이처럼 물을 '정화하는' 쪽을 택한 데는, 지난 세기에 코흐(Robert Koch)가 발견한 사실이 유권자들에게 환상을 심어준 데도 이유가 있을 것이다. 그의 세균학 이론은 부패할 때 방출되는 불결한 공기가 특정 질병의 원인이라는 옛 이론을, 미생물의 번식이라는 새로운 설명으로 대치했다. 나쁜 공기와의 접촉보다는 신체에 미생물이 침투하지 않도록 피해야 한다는 것이다. 이에 따라 시민들은 수도꼭지를 돌리면 '세균 없는 식수'가 나오기를 요구했다. 20세기 초에서 중반까지 미국인들은 검증된 수도꼭지의 물이나 병에 든 물이 아니면 마시지 말도록 교육받았다. 염소 소독을 하지 않은 개울에서 멱을 감거나 검사받지 않은 샘물을 마시는 일은 많은 이들에게 어린 시절의 스카우트 활동의 기억이나 낭만적인 과거를 말해주는 흔적으로 남게 되었다.

'질료'의 회복

20세기 후반을 거치면서 수도꼭지에서 나오는 물에서는 더 이상 냄새가 나지 않게 되었다. 생각지도 못한 새로운 오염물질이 그 냄새에 함유되어 있다는 게 알려졌기 때문이다. 많은 이들이 자녀들에게 수돗물을 그냥 마시지 못하게 했다. 이로써 물은 H_2O라는 깨끗한 액체로의 변신을 완수했다. 20세기의 상상력 속에서 물은 그 속에 깊이 간직된 순수함을 전달해주는 능력을 잃었고, 영혼의 오점을 씻어내는 신비한 능력도 잃게 되었다. 물은 이제 산업과 기술용 세정제가 되어 독성이 있거나 피부병을 일으키는 물질로 기피된다. 카터 행정부 후반에는 주정부들이 1980년대 내내 예견한 대로, 하수 처리와 수거 비용이 막대한 규모에 이르게 되었다. 이제는 교육만이 납세자들에게 더 많은 세금을 납득시킬 수 있다.

역사를 통틀어 물은 순수함을 내뿜는 질료로 인식되어 왔다. 그러나 H_2O가 새로운 질료의 자리에 앉게 되면서 이제는 이 질료의 순수성에 인간의 생존이 좌우되기에 이르렀다. H_2O와 물은 서로 적대적인 것이 되었다. H_2O는 현대 사회의 발명품이자 기술적 관리가 필요한 희소 자원이다. 그것은 꿈꾸는 물의 능력을 잃어버린 한낱 액체에 불과하다. 도시 아이들은 살아있는 물과 접촉할 기회를 잃어버렸다. 물은 더 이상 눈에 띄지 않으며 상상되기만 할 뿐이다. 떨어지는 물방울이나 소박한 웅덩이를 통해 이따금 회상될 뿐이다.

나는 댈러스에 타운레이크가 있어야 한다는 결정에는 이런 회상이 작용하고 있다고 믿는다.

| 참고문헌 |

Alexander, Samuel. 1966. *Space, time and deity*. 2 vols. New York: Dover Publications.

Aptorowitzer, O. 1928. *Die Paradiesesflüsse des Kurans. Monatsschrift für Geschichte und Wissenschaft des Judentums* 72, new ser. 36:151-55.

Ardener, Shirley, ed. 1981. *Women and space: Ground rules and social maps*. London: St. Martin's Press.

Ariès, Philippe. 1982. *The hour of our death*. Trans. Helen Weaver. New York: Random House. Originally published as *L'homme devant la mart*. Paris: Seuil, 1977.

Aron, Jean Paul. 1967. Essai sur la sensibilité alimentaire à Paris au XIXe siècle. *Cahiers des Annales* 25. Paris: Armand Colin.

Bachelard, Gaston. 1969. *The poetics of space*. Trans. Maria Jolas. Boston: Beacon Press. Originally published as *La Poétique de l'espace*. Paris: Presses universitaires de France, 1957.

_______. 1983. *Water and dreams: An essay on the imagination of matter*. Trans. E. R. Farrell. Dallas: The Dallas Institute of Humanities and Culture. Originally published as *L'Eau et les Rêves*. Paris: Corti, 1942.

Bächtold-Stäubli, H. 1936. *Handwörterbuch des deutschen Aberglaubens*. Berlin: Walter Gruyter.

Barrett, C. K. 1962. *The gospel according to St. John*. London: SPCK.

Beguin, F. 1977. Les Machines anglaises du confort. *La Recherche* 29:155-86.

Behm, Johannes. 1938. Koilía. *Theologisches Wörterbuch zum Neuen Testament*. Ed. Gerhard Kittle. Vol. 3. Stuttgart, 786-89.

Belgrand, E. 1872-1875. *Les aqueducts romains*. 5 vols. Paris.

Benveniste, Emil. 1969. *Le Vocabulaire des institutions indo-européennes*. 2 vols. Paris:

Editions de Minuit.
Bertier, A. G. 1921-1922. Le mécanisme cartésien et la physiologie au XVIIe siècle. *Isis* 7:21-58.
Beylebyl, J. J. 1974. The growth of Harvey's "*de Motu Cordis.*" *Bulletin of the History of Medicine* 47:427-70.
Bidez, Joseph, and F. Cumont. 1938. *Les Mages hellénisés*. 2 vols. New York.
Blake, Nelson M. 1956. *Water for the cities: A history of the urban supply problem in the USA*. Syracuse: Syracuse University Press.
Blaser, Robert. 1960. *Theophrastus von Hohenheim, genannt Paracelsus. Liber de Nymphis, Sylphis, Pygmaeis et Salamandris et de ceteris spiritibus*. Bern: Franke.
Boccaccio, Giovanni. 1951. *Genealogiae deorum gentilium libri*. Bari: Ricciardi.
Boisemard, M. E. 1958. De son ventre couleront des fleuves d'eau. *Revue Biblique* 65:523-46.
______. 1959. De son ventre couleront des fleuves d'eau: Les citations targumiques dans le quatrième évangile. *Revue Biblique* 66:374-78.
Bollnow, Otto. 1971. *Mensch und Raum*. 2nd ed. Stuttgart: Kohlhammer.
Bonaparte, Marie. 1946. The legend of the unfathomable waters. *American Imago*. 20-31.
Bonnet, H. 1925. Die Symbolik der Reinigung im aegyptischen Kult. *Angelos* 1:103-121.
Borie, Jean. 1973. *Le tyran timide: Le naturalisme de la femme au XIXe siècle*. Paris: Klincksieck.
Borzsak, I. 1951-1952. Aquis submersus. *Acta Antiquae Academiae Scientiarum Hungaricae*. Budapest 1:200-24.
Bossel, Hartmut, ed. 1982. *Wasser: wie ein Element verschmutzt und verschwendet wird*. Frankfurt: Fischer Alternative.
Boughali, Mohammed. 1974. *La Représentation de l'espace chez les marocains illettrés: Mythes et tradition orale*. Paris: Anthropos.
Braun, F. M. 1949. L'eau et l'Esprit. *Revue Thomiste* 49:5-30.
Brown, Raymond E. 1966. *The gospel according to St. John*. New York: Anchor Books.
Brunot, Ferdinand. 1966. *Histoire de la langue française des origines à nos jours*. Vol. 6, pt. 1. Paris: Armand Colin, 176ff.
Buck, C. D. 1949. *A dictionary of selected synonyms in the principal Indo-European languages*. Chicago: University of Chicago Press.

Budge, Wallis. [1909] 1980. *The liturgy of funerary offerings: The Egyptian texts with English translation*. Reprint. New York: Arno Press.

Buffet, B., and R. Evrard. 1950. *L'eau potable à travers les âges*. Liége.

Cabrol, F. 1926. Eau: usage de l'eau clans la liturgie. Eau bénite. *DACL* 4:1680-690.

Caillois, R. 1938. *Le mythe et l'homme*. Paris: Gallimard.

Calvino, Italo. 1975. *Invisible cities*. Trans. William Weaver. London: Secker and Warburg. Originally published as *Le Città invisibili*. Rome: Einaudi, 1972.

Cayrol, Jean. 1968. *De l'espace humain*. Paris: Seuil.

Chadwick, Edwin. 1887. *The health of nations*. 2 vols. Ed. R. W. Richardson. London.

Chaunu, Pierre. 1974. *Histoire science sociale: La durée, l'espace et l'homme à l'epoque moderne*. Paris: Société d'Edition de l'Enseignement Supérieur. See chapter 2.

Choay, Francis. 1974. La ville et le domain bâti comme corps dans les textes des architects théoriciens de la première renaissance italienne. *Nouvelle Revue de Psychanalyse* 9:229-54.

Cohn, Jan. 1979. *The palace and the poorhouse: The American house as a cultural symbol*. Lansing: Michigan State University.

Clark, Kenneth. [1950] 1970. *The nude: A study in ideal form*. Reprint. London: Penguin.

______. 1980. *Feminine beauty*. London: Weidenfeld and Nicolson.

Corbin, Alain. 1982. *Le miasme et la jonquille: L'odorat et l'imaginaire social XVIIIe-XIXe siècles*. Paris: Aubier.

Corbin, Henri. 1977. Imago templi face aux normes prophanes. In *Eranos Jahrbüc—1974*. Leiden: E. J. Brill.

Dange, Sadashiva Ambadas. 1979. *Sexual symbolism from Vedic ritual*. New Delhi: Ajanta Publications.

Danielou, J. 1958. Le symbolisme de l'eau vive. *Revue des Sciences religieuses* 32:335-46.

Daumas, Maurice, ed. 1968. *Histoire générale des techniques*. Vol. 3. Paris: Presses universitaires de France.

Degas, Edgar. 1970. *L'Opera completa*. Ed. Franco Russoli and Fiorella Minervino. Rome: Rizzoli.

Delcourt, Marie. 1964. *Pyross et Pyrrha: Recherches sur les valeurs du feu dans les*

légendes helléniques. Paris: Belles Lettres.
Deonna, W. 1939. Croyances antiques et modernes: L'odeur suave des dieux et des élus. *Genava* 17:167-262. Exhaustive collection of sources and references.
Desaivre, Leo. 1898. Le mythe de la mère Lusine: Etude critique et bibliographique. *Mémoires de la Société de Statistique, Sciences, Lettres et Arts du département des Deux-Sèvres 20.*
Detienne, Marcel. 1972. *Les Jardins d'Adonis: La mythologie des aromates en Grèce.* Paris: Gallimard.
Deubner, L. 1942. Oedipusprobleme. *Abhandlungen der Akademie der Wissenschaften zu Berlin* 4.
Dickinson, Henry W. 1959. *The water supply of greater London.* London: Newcome Society.
Dockes, Pierre. 1969. *L'espace dans la, pensée économique du XVIe au XVIIIe siècle.* Paris: Flammarion.
Dodd, C. H. 1954. *The interpretation of the fourth gospel.* Cambridge: Cambridge University Press.
Dodds, E. R. 1951. *The Greeks and the irrational.* Berkeley: University of California Press.
Duden, Barbara. 1984. Fluss und Verstockung: Praxis Johannes Storch. Doctoral dissertation, Technische Universität, West Berlin.
Durkheim, E. 1976. *Elementary forms of the religious life.* London: Allen & Unwin. Originally published as *Les formes élémentaires de la vie religieuse.* Paris: Presses universitaires de France, 1960.

Eliade, Mircea. 1964. *Traité de l'histoire des religions.* Paris: Payot.
Elias, Norbert. 1960. *Über den Prozeß der Zivilisation.* 2 vols. Munich: Francke.
Eliot, T. S. 1963. *The family reunion.* London: Faber.
Ernout, Alfred, and Antoine Meillet. 1967. *Dictionnarie étymologique de la langue latine: histoire des mots.* Paris: Klincksieck.
Enzensberger, Christian. 1968. *Smut.* London: Marion Boyars.

Fabricant, C. 1979. Binding and dressing nature's loose tresses: The ideology of Augustan landscape design. *Studies in eighteenth-century culture* 8.
Farge, Arlette. 1979. *Vivre dans les rues à Paris au XIXe siècle.* Paris: Gallimard.
______. 1982. L'espace parisien au XVIIIe siècle. *Ethnologie Française* 3.

Farwell, Béatrice. 1972. Courbet's "Baigneuses" and the rhetorical feminine image. *Art News Annual* 38:65-79.

Faure, A. 1978. Class malpropre, classe dangereuse? Quelques remarques à propos des chiffonniers parisiens au XIXe siècle. *L'haleine des faubourgs. Ville, habitat et santé au XIXe siècle*. Fontenay-sous-Bois: Recherche.

Filliozat, Jean. 1969. Le temps et l'espace dans les conceptions du monde indien. *Revue de Synthèse* 90.

_______. 1974. *Laghu Prabandhan: Choix d'articles d'indologie*. Reprint. Leiden: E. J. Brill, 212-32.

Finer, S. E. 1967. *The life and times of Sir Edwin Chadwick*. London: Methuen.

Flourens, P. 1954. *Histoire de la découverte de la circulation du sang*. Paris.

Foizil. M. 1974. Les attitudes devant la mort au XVIIIe siècle: sépultures et suppressions des sépultures dans le cimetière parisien des Saints Innocents. *Revue Historique* 51:303-330.

Forbes, R. J. 1964. Water supply. *Studies in Ancient Technology* 1:149-94. Leiden: E. J. Brill.

_____. 1965. Cosmetic and perfumes in antiquity. *Studies in Ancient Technology* 3:1-50. Leiden: E. J. Brill.

Franz, Marie-Louise. 1983. *Shadow and evil in fairy tales*. Dallas: Spring Publications.

Frazer, J. G. 1933. *The fear of the dead in primitive religion*. 3 vols. London: Macmillan.

Freud, Sigmund. 1961. *Civilization and its discontents. The Standard Edition of the Complete Psychological Works* Vol. 21. Trans. and ed. James Strachey. London: The Hogarth Press and The Institute of Psychoanalysis, 59-145.

Foucault, Michel. 1976. *The order of things*. London: Tavistock.

Frisch, O. R. 1957. Parity is not conserved, a new twist in physics? *Universities Quarterly* 2:235-44.

Frobenius, Leo. 1933. *Kulturgeschichte Afrikas*. Zürich: Phaidon.

Fustel de Coulanges. [1869] 1972. *La cité antique*. Reprint. Paris: Hachette.

Gaiffe, F. A. 1924. *L'envers du Grand Siècle: Etude historique et anecdotique*. Paris: Albin Michel.

Gaillard, Jean. 1958. s. v. Eau. *Dictionnaire de Spiritualité* Vol. 5. Paris: Beauchesne.

Gay, Harold Fansworth. 1940. Sewage in ancient and medieval times. *Sewage Work Journal* 12:939-48.

Giedion, Siegfried. 1948. *Mechanization takes command: A contribution to anonymous history*. New York: Norton.

Ginzberg, Louis. 1968. *The legends of the Jews*. Philadelphia: Jewish Publication Society of America.

Glacken, Clarence J. 1967. *Traces on the Rhodian shore: Nature and culture in western thought from ancient times to the end of the eighteenth century*. Berkeley: University of California Press.

Gleichmann, P. R. 1982. Des villes propres et sans odeurs. *Urbi*. 88-100.

Goppelt, Leonard. 1969. s. v. hydor. *Theologisches Wörterbuch zum Neues Testament* 8:313-33.

Graham, V. E. 1959. Water imagery and symbolism in Proust. *Romanic Review* 50:118-28.

Grandquist, Hilma. 1965. Muslim death and burial. *Commentationes Humaniorum Litterarum*. 1-128.

Greverus, Ina Maria. 1972. *Der territoriale Mensch. Ein literaturanthropologischer Versuch zum Heimatphaenomen*. Frankfurt am Main: Athenaeum.

Guillerme, A. n.d. Quelques problèmes d'eau dans les villes du bassin parisien au Moyen Age. 2 vols. Thesis, Ecole des Hautes Etudes de Sciences Sociales, Paris.

Guillerme, Jacques. 1977. Le malsain et l'économie de la nature. *XVIIIe Siècle* 9.

Griaule, Marcel. 1966. *Dieu d'Eau: Entretiens avec Ogotemeli*. Paris: Fayard. Translated into English as *Conversations with Ogotemeli: An introduction to Dogon religious ideas*. Oxford: Oxford University Press, 1975.

Hahn, Ingrid. 1963. Raum und Landschaft in Gottfrieds Tristan. Ein Beitrag zur Werkdeutung. *Medium Aevum* 3.

Haight, Elizabeth Hazelton. 1958. *The symbolism of the house-door in classical poetry*. New York: Longmans Green.

Heller, G. 1979. *"Propre en ordre." Habitation et vie domestique 1850-1930. L'exemple Vaudois*. Lausanne: Editions en Bas.

Hopkins, E. Washburn. 1975. *Epic Mythology*. 2d. ed. Benares: Motilal.

Hupping Stoners, Carol, ed. 1977. *Goodbye to the flush toilet*. Emmaus, Pennsylvania: Rodale.

Husserl, Edmund. 1969. *Formal and Transcendental Logic*. Trans. Dorion Cairns. The Hague: Nijhoff.

Hvidberg, Flemming Friis. 1962. *Weeping and laughter in the Old Testament*. Leiden: E. J. Brill.

Ibn al-Nafiz. 1968. *The Theologus Autodidactus*. Ed. J. Schacht. Oxford: Oxford University Press.

Illich, Ivan. 1982. *Gender*. London: Marion Boyars.

______. 1984. *Schule ins Museum: Phaidros und die Folgen*. Bad Heilbrunn: Klinkhardt.

Jacquemet, Gérard. 1979. Urbanisme parisien: La bataille du tout-à-l'egoût à la fin du XIXe siècle. *Revue d'Histoire moderne et contemporaine*. 505-48.

Jordanova, C. J., and R. S. Porter. 1979. *Images of the earth: Essays in the history of environmental science*. British Society of Environmental Science Monographs 1. London: Giles.

Jammer, Max. 1954. *Concepts of space*. Cambridge, Mass.: Harvard University Press.

Jolas, Tina. 1977. Parcours cérémonial d'un terroir villageois (Minot). *Ethnologie française* 7:7-28.

Jüthner, S. 1950. s. v. Bad. *Reallexikon für Antike und Christentum* 30.

Karnoch, C. 1972. L'étranger ou le faux inconnu: Essai sur la définition spatiale d'autrui dans un village lorrain. *Ethnologie Française* 1-2:107-22.

Kennard, J. 1958. Sanitary engineering: Water supply. *A history of technology*. Vol. 4. Ed. C. Singer. Oxford: Oxford University Press, 489-503.

Kerényi, Karl. 1942. Hermes der Seelenführer. Das Mythologem vom männlichen Lebensursprung. In *Eranos Jahrbüch* 9. Zürich: Rhein Verlag, 9-63.

______. 1976. *Die Mythologie der Griechen*. 2 vols. Munich: DTV.

Kittel, Gerhard, ed. 1933-1973. *Theoligisches Wörterbuch zum Neuen Testament*. 9 vols. Stuttgart.

Kramrich, Stella. 1963. The triple structure of creation in the Rig Veda. *History of Religions*. Vol. 2, 140-75, 257-85.

______. 1968. *Unknown India: Ritual art in tribe and village*. Philadelphia: Philadelphia Museum of Art.

Kohler, J. 1895. Der Ursprung der Melusinensage. Leipzig.

Krauss, Rosalind. 1967. Manet's nymph surprised. *Burlington Magazine* 109:622-27.

Kugelmann, Robert. 1982. *The windows of soul: Psychological physiology of the human eye and primary glaucoma*. London: Associated University Presses.

Ladendorf, H. 1957. Der Duft in der Kunstgeschichte. In *Festschrift E. Meyer*. Hamburg: Hauswedell, 251-73.

Lagrange, M. J. 1903. *Etude sur les religions sémitiques*. Paris.

Landolt, Hermann. 1977. Sacralraum und mystischer Raum in Islam. In *Eranos Jahrbüch* 44-1975. Leiden: E. J. Brill.

Laporte, Dominique. 1979. *Histoire de la merde*. Paris.

Larousse, Pierre. 1876. s. v. parfum. *Grand dictionnaire universel du XIXe siècle* 12.

Latte, Kurt. 1968. *Kleine Schriften zu Religion, Recht, Literature und Sprache der Griechen und Römer*. Munich: Beck.

Lawrence, Roderick J. 1982. Domestic space and society: A cross cultural study. *Comparative Studies of Society and History*. 104-30.

Lebeuf, J. P. 1961. *L'habitation des Fali*. Paris: Hachette.

Leclercq, H. 1924. s. v. bénitier. *Dictionnaire d'Archéologie Chrétienne et de Liturgie* Vol. 2, 758-71.

Lefevre, A. 1950. La blessure du coté. *Etudes Carmélitaines*. Paris: Le Coeur, 109-22.

Lepenies, Wolf. 1963. *Melancholie und Gesellschaft*. Freiburg: Suhrkamp.

Lewy, H. 1929. Sobria Ebrietas. Untersuchungen zur Geschichte der antiken Mystik. *Beihefte zur Zeitschrift für neutestamentliche Wissenschaft*.

Liebert, Gösta. 1976. *Iconographic dictionary of the Indian religions*. Leiden: E. J. Brill.

Lilja, Saara. 1972. *The treatment of odours in the poetry of antiquity*. Helsinki.

Lincoln, Bruce. 1982. Waters of remembrance and waters of forgetfulness. *Fabula* 23:19-34.

Lippe, Rudolf zur. 1981. *Naturbeherrschung am Menschen*. Vol. I. Geometrisierung des Menschen und Repräsentation des Privaten im französischen Absolutismus. Frankfurt: Syndikat.

______. 1982. *Die Geometrisierung des Menschen. Ausstellungskatalog*. Oldenburg: Bibliothekes und Informationssystem der Universitkat Oldenburg.

Lohmeyer, Ernst. 1919. Vom göttlichen Wohlgeruch. *Heidelberger Akademie der Wissenschaften*. Philos. Hist. Klasse 10.

Ludwig, A. 1920. Schlemihl. *Archiv für das Studium der neueren Sprachen und Literaturen*. Deutsches Sonderheft.

______. 1921. Nachträge zu Schlemihlen.

Lüers, Grete. 1926. *Die Sprache der deutschen Mystik des Mittelalters im Werke der Mechthild von Magdeburg*. Munich: Reinhardt.
Luther, W. 1935. *"Wahrheit" und "Lüge" im ältesten Griechentum*. Leipzig: Boana.

McGovern, J. J. 1959. The waters of death. *Biblical Quarterly* 21:350-58.
Mahnke, Dietrich. 1937. *Unendliche Sphäre und Allmittelpunkt*. Halle.
Malraux, André. 1926. *La tentation de l'Occident*. Paris: Gallimard.
Mandrou, Robert. 1974. *Introduction à la France moderne 1500-1640. Essai de psychologie historique*. 2d. ed. Paris: Albin Michel.
Mani, Vettam. 1975. *Puranic Encyclopedia*. Benares: Motilal.
Maringer, Johannes. 1973. Das Wasser im Kult und Glauben der vorgeschichtlichen Menschen. *Anthropos* 68:705-76.
Marmier, Claire Kersaint. 1947. *La mystique des eaux sacrées dans l'antique Armor: Essai sur la conscience mythique*. Paris: Vrin.
Martin, Roland. 1956. *L'urbanisme dans la Grèce antique*. Paris: Picard.
Maurmann, Barbara. 1976. *Die Himmelsrichtungen im Weltbild des Mittelalters*. Munich: Fink.
Meister, Kurt. 1925. *Die Hausschwelle in Sprache und Religion der Römer*. Heidelberg: Winter.
Menard, Jacques E. 1955. L'interpretation patristique de Jean 7, 38. *Revue de l'Université de Ottawa*. Sec. Spéciale 25:5-25.
Mencken, H. L. 1963. *The American language*. London: Routledge & Kegan Paul.
Meyer, Rudolf, and Friedrich Hauck. 1983. s. v. katharos. *Theologisches Wörterbuch zum Neuen Testament*. Ed. Gerhard Kittel. Vol. 3. Stuttgart, 416-33.
Meyerhof, M. 1933. Ibn al-Nafis und seine Theorie des Lungenkreislaufes. *Quellen und Studien zur Geschichte der Naturwissenschaften und der Medizin* 4:37-88.
Monier-Williams, M. [1899] 1963. *A Sanscrit-English dictionary etymologically and philologically arranged*. Reprint. Oxford: Clarendon Press.
Mounin, Georges. 1965. Essai sur la structuration du lexique de l'habitation. *Cahiers de Lexicologie* 6:9-24.
Muller, P. 1975. Les eaux minérales en France à la fin du XVIIIe siècle. Mémoire de maîtrise, University of Paris.
Mumford, Lewis. 1961. *The city in history: Its origins, its transformation and its prospects*. London: Secker and Warburg.
Murard, Lion, and Patrick Zylberman, eds. 1978. *L'haleine des faubourgs: Ville,*

habitat et santé au XIXe siècle. Fontenay-sous-Bois: Recherche.
Murray, J. A. H. 1973. *The shorter OED on historical principles*. 3d ed. Oxford: Clarendon Press.

Nestle, E. 1906. Der süsse Geruch als Erweis des Geistes. *Zeitschrift für Neutestamentliche Wissenschaft und Kunde des Urchristentums* 7:95-96.
Negrier, Paul. 1925. *Les bains à travers les âges*. Paris.
Niangoran Bouah, G. 1964. *La division du temps et le calendrier rituel des peuples lagunaires de Côte d'Ivoire*. Travaux et Mémoires de l'Institut d'Ethnologie 68. Paris.
Nicolas, G. 1966. Essai sur les structures fondamentales de l'espace dans la cosmologie Hausa. *Journal de la Société Africaniste* 36.
Nicolson, Marjorie Hope. 1950. *The breaking of the circle*. Evanston: Northwestern University Press.
______. 1966. The discovery of space. *Medieval and Renaissance Studies* 1:40-59.
Niessen, H. 1868. *Templum*. Berlin.
Ninck, Martin. [1921] 1967. *Die Bedeutung des Wassers im Kult und Leben der Alten. Eine symbolgeschichtliche Untersuchung*. Reprint. Wiesbaden: Wissenschaftliche Buchgesellschaft.
Nohain, Jean, and F. Caradec. 1976. *Le pétomane*. Los Angeles: Sherbourne Press.
Norden, Eduard. 1939. *Aus altrömischen Priesterbüchern*. Leipzig: Harassowitz.
Notopoulos, James A. 1938. Mnemosyne in oral literature. *Transactions and Proceedings of the American Philological Association* 69:465-93.
Novotny, Karl A. 1969. *Beiträge zur Geschichte des Weltbildes: Farben und Weltrichtungen. Wiener Beiträge zur Kulturgeschichte und Linguistik* 17. Vienna: F. Berger.

Ohly, Friedrich. 1977. Geistige Süsse bei Ottfried. *Schriften zur mittelalterlichen Bedeutungsforschung*. Darmstadt: Wissenschaftliche Buchgesellschaft.
Olivetti, Marco. 1967. *Il tempio simbolico cosmico*. Rome: Edizioni Abete.
Ong, Walter J. 1982. *Orality and literacy: The technologizing of the word*. London: Methuen.
Ott, Sandra. 1980. Blessed bread, "first neighbours" and assymetric exchange in the Basque country. *Archives Européennes de Sociologie*.

Pagel, W. 1944. The religious and philosophical background of van Helmont's science and medicine. *Supplement to the Bulletin of the History of Medicine* 2.
Palmer, R. 1973. *The water closet: A new history*. Newton Abbott: David & Charles.
Parker, Robert. 1983. *Miasma: Pollution and purification in early Greek religion*. Oxford: Clarendon Press.
Patte, Pierre. 1769. Sur la distribution vicieuse des villes. *Mémoire sur les objets les plus importants de l'architecture*. Paris. 28f.
Pauly, August F. von. 1964. *Der kleine Pauly. Lexikon der Antike*. 5 vols. Ed. Konrad Ziegler. Stuttgart: A. Druckmüller Verlag.
Peabody, Berkley. 1975. *The winged word: A study in the technique of ancient Greek oral composition as seen principally through Hesiod's "Works and Days."* Albany: State University of New York Press.
Perrot, Philippe. 1981. *Les dessus et les dessous de la bourgeoisie*. Paris: Fayard.
______. 1984. *Le travail des apparences: ou les transformations du corps féminin. XVIIIe et XIXe siècles*. Paris: Seuil.
Peters, Hans Albert. 1971-1972. *Halbe Unschuld. Weiblichkeit um 1900. Europäische Graphik aus der Zeit des Jugendstils*. Cologne: Wallraf-Fischart Museum.
Peuckert, W. E. 1953. Traufe und Flurgrenze. *Zeitschrift für Volkskunde*. 66-83.
Pfeiffer, Charles Leonard. 1949. *Taste and smell in Balzac's novels*. Phoenix: University of Arizona.
Pingaud, Marie Claude. 1973. Le langage de l'assolement (Minot). *Homme* 13:163-75.
Pokorny, Julius. 1959. *Indogermanisches etymologische Wörterbuch*. Bern: Francke.
Poulet, Georges. 1961. *Les métamorphoses du cercle*. Paris: Plan.
Prado, G. G. 1969. Review of analytical philosophy of knowledge. *Dialogue* 8:503-07.

Quiguer, Claude. 1979. *Femmes et machines de 1900: Lecture d'une obsession Modern Style*. Paris: Klincksieck.

Rahner, Hugo. 1941. Flumina de Ventre Christi: Die patristiasche Auslegung von Joh 7, 37-38. *Biblica* 22:269-301, 367-403.
______. 1963. *Greek myths and Christian mystery*. New York: Harper & Row. Originally published as *Griechische Mythen in christlicher Deutung*. Zurich: Rhein Verlag. 1957.
______. 1964. *Symbole der Kirche*. Salzburg: O. Meuller. 117-238.
Rawlinson, J. 1958. Sanitary engineering: Sanitation. In *A History of Technology*. Ed.

C. Singer. Vol. 4. Oxford: Oxford University Press. 504-519.
Rhode, Erwin. 1898. *Psyche: Seelencult und Unsterblichkeitsglaube der Griechen*. 2d. ed. 2 vols.
Robins, R. W. 1946. *The story of water supply*. Oxford: Oxford University Press.
Robinson, J. A. T. 1962. The significance of foot washing. In *Festschrift O. Cullmann*. 144-47.
Roche, Daniel. 1984. Du temps de l'eau rare du moyen âge à l'epoque moderne. *Annales ESC*. Vol. 19, pt. 2:383-399.
Rogers, Susan C. 1979. Espace masculin, espace féminin: Essai sur la différence. *Etudes rurales* 74:87-110.
Roumeguere-Eberhardt, J. 1957. La notion de vie: Base de la structure sociale Venda. *Journal de la société des Africanistes* 27, fasc. 11. Paris.
______. 1963. Pensée et société africaines. In *Cahiers de l'Homme*. Paris and The Hague: Mouton.
Ruberg, Uwe. 1965. *Raum und Zeit im Prosa-Lancelot*. Munich: Fink.
Russoli, Franco. 1970. *L'opera completa di Degas. Apparati critici e filologici di Fiorella Minervino*. Rome: Rizzoli Editore.
Rykwert, Joseph. 1972. *On Adam's house in paradise: The idea of the primitive hut in architectural history*. New York: The Museum of Modern Art.
______. 1976. *The idea of a town: The anthropology of urban form in Rome, Italy and the ancient world*. London: Faber and Faber.
Ryle, Gilbert. 1950. *The concept of mind*. New York: Barnes and Noble.

Sabine, E. L. 1934. Latrines and cesspools in medieval London. *Speculum* 9:303-21.
______. 1937. City cleaning in medieval London. *Speculum* 12:19-43.
Saddy, Pierre. 1977. Le cycle des immondices. *XVIIIe Siècle*. 203-214.
Sardello, Robert J. 1983. The suffering body of the city: Cancer, heartattack and herpes. *Spring: An Annual of Archetypal Psychology and Jungian Thought*. 145-164.
Schacht, J. 1957. Ibn al-Nafis, Servetus and Colombo. *Al-Andalus* 22:317-36.
Schneider, U. 1961. Die alt-indische Lehre vom Kreislauf des Wassers. *Speculum* 12:1-11.
Schmidt, N. 1966. Niemandsland. In *Volksglaube und Volksbrauch: Gestalten, Gebilde, Gebärden*. Berlin: Schmidt Verlag.
Schulz, Hans, and Otto Basler. 1983. *Deutsches Fremdwörterbuch*. Vol. 6. Berlin:

Walter Gruyter.
Scott, George Ryley. 1939. *Story of baths and bathing*. London.
Segel. Harold B. 1974. *The baroque poem*. New York: Dutton.
Sertillanges, L. D. 1945. *L'idée de création et ses retentissements en philosophie*. Paris: Desclé.
Sextus Julius Frontinus. 1913. *The two books on the water supply of the city of Rome*. Trans. Clemens Herschel. London: Longmans Green.
Simmel, Georg. 1953. Soziologie des Raumes. *Schmollers Jahrbuch* 27.
______. 1959. Philosophie der Landschaft. *Brücke und Tür: Essays des Philosophen zur Geschichte, Religion, Kunst und Gesellschaft*. In collaboration with Margarete Susman. Stuttgart: Landmann.
Snell, Bruno. 1953. *The discovery of the mind: The Greek origins of European thought*. Oxford: Blackwell.
Stafford, Barbara Maria. 1939. *Voyage into substance: Art, science, nature and the illustrated travel account, 1760-1840*. Cambridge: The MIT Press.
Stanhill, G. 1977. An urban agro-ecosystem: The example of nineteenth, century Paris. *Ecosystems* 3:269-84.
Staudacher, W. 1942. *Die Trennung von Himmel und Erde: Ein vorgriechis, cher Schöpfungsmythos bei Hesiod und den Orphikern*. Thübingen.
Stith-Thompson. 1966. *Motif index of folk tale literature*. Bloomington: Indiana University Press.
Strack H., and P. Billerbeck. 1926. *Kommentar zum neuen Testament aus Talmud und Midrasch*. Munich: Beck.
Strasser, Susan. 1982. *Never done: A history of American housework*. New York: Pantheon.
Sylvain, Georges. 1901. *Cric Crac*. Paris: Ateliers Haïtiens.

Tamanoi, Yoshiro, A. Tsuchida, and T. Murota. 1980. The earth as an open steady system. Department of Economics draft. Okinawa International University.
Tarr, Joel A., and Francis Clay McMichael. 1977. Decisions about wastewater technology, 1850-1932. *Journal of the Water Resources Planning and Management Division ASCE* 103:47-61.
Teich, Mikulas. 1982. Circulation, transformation, conservation of matter and the balancing of the biological world in the eighteenth century. *AMBIX* 29:17-28.

Tellenbach, Hubert. 1956. Die Räumlichkeit der Melancholischen: Uber Veränderungen des Raumerlebens in der endogenen Melancholie. *Nervenarzt* 27:1.

Temkin, O. 1953. A historical analysis of the concept of infection. In *Studies in Intellectual History*. Baltimore: Johns Hopkins University Press. 123-847.

Thorndike, L. 1928. Sanitation, baths and street cleaning in the Middle Ages and the Renaissance. *Speculum* 3:192-203.

Thuillier, Guy. 1961. Pour une histoire de la lessive en Nivernais au XIXe siècle. *Annales ECS* 24:377-89.

______. 1968. Pour une histoire régionale de l'eau en Nivernais au XIXe siècle. *Revue d'Histoire Economique et Sociale* 46:232-53.

______. 1977. La lessive. In *Pour une histoire du quotidien en Nivernais*. Paris: Mouton. 127-37, 364-73.

Turner, John F. C. 1976. *Housing by people: Toward autonomy in building environments*. London: Marion Boyars.

Trumbull, H. Clay. 1896. *The threshold covenant*. New York: Scribners.

Ullmann, Manfred. 1970. Medizin im Islam. *Handbuch der Orientalistik*. Ergänzungsband 6.1. Leiden: E. J. Brill.

Van der Ryn, Sim. 1978. *The Toilet Papers: Recycling Waste and Conserving Water*. Santa Barbara: Capra Press.

Van Liere, Eldon H. 1980. Solutions and dissolutions: The bather in nineteenth-century French painting, the image of the bather. *Arts Magazine* 54:104-14.

Varrentrapp. 1868. *Entwässerung der Stadte, Wert und Unwert des Wasserklosette*. Berlin. Cited in Schulz.

Verdier, Yvonne. 1979. *Façon de dire, façon de faire: la laveuse, la couturière*. Paris: Gallimard.

Vernant, Jean-Pierre. 1959. Aspects mythiques de la mémoire en Gréce. *Journal de Psychologie*. 1-29.

Vogüé, A. de. 1971-1972. La règle de S. Benoit. *Sources Chrétiennes*. Vols. 181-86. Paris: Editions du Cerf.

Vuarnet, Jean Noël. 1980. *Extases féminines*. Paris.

Webster, Charles. 1976. *The great instauration: Science, medicine and reform,*

1626-1660. London: Holmes and Meier.

Wilson, T. P. 1978. *The Oxford dictionary of English proverbs*. Oxford: Clarendon Press.

Wolfson, Harry A. 1948. *Philo: Foundations of religious philosophy in Judaism, Christianity, and Islam*. 2 vols. Cambridge: Harvard University Press.

Wright, Gwendolin. 1979. *Moralism and the model home*. Chicago: University of Chicago Press.

Wright, Lawrence. 1960. *Clean and decent: The fascinating history of the bathroom and the WC*. Toronto: University of Toronto Press.

Zahan, Dominique. 1970. *Religion, spiritualité et pensée africaines*. Paris: Payot.

Zeraffa, M. 1975. Présence de la ville clans l'écriture du roman: Aspects psychologiques et formels. *Journal de psychologie normale et pathologique* 2:191-210.

Ziegler, Joseph. 1937. "Dulcedo Dei": Ein Beitrag zur Theologie der griechischen und lateinischen Bibel. *Alttestamentliche Abhandlungen* 13, pt. 2. Ed. N. Nikel and A. Schulz. Münster: Aschendorf.

Zimmer, Heinrich. 1938. Die indische Weltmutter. In *Eranos Jahrbüch* 6. Zürich: Rhein Verlag, 175-220.

Zucker, F. 1928. Syneidesis-Consciencia. *Jenaer Akademische Reden* 6.

Zwernemann, Jürgen. 1968. *Die Erde in Vorstellungswelt und Kulturpratiken der sudanischen Völker*. Berlin: Reimer.

이반 일리치의 이 책을 처음 읽었을 때 떠오르는 느낌은 경탄이었다. 아니, 감동이라는 게 맞겠다. 글의 빼어남에 대해 놀라고 감탄하기에 앞서 어떤 슬픔이 가슴 깊이 밀려오는 느낌이었으니까. 우리가 잃어버린 찬란하고도 따뜻했던 과거 세계와 지나간 삶에 대한 어떤 비애. 옮긴이가 한 걸음 앞서 맛본 감정이 잘못되지 않았다면, 독자들도 이 짧은 책을 역사적 사실과 논리로 촘촘히 짜인 글로만 읽지 않기를 바란다. 책 내용은 '물'의 역사적 변천과 근대의 액체 'H_2O'에 관한 이야기일지언정, 잃어버린 우리들의 옛 삶에 대한 아름다운 회상과 놀라운 발견의 이야기로 이 책을 읽기를 바란다. 그렇게 읽다보면 독자들도 책의 마지막 쪽에 이르러서는 아마도 처음 펼칠 때의 몇 배 이야기를 읽은 느낌일 것이다.

일리치를 읽을 때마다 나는 그의 광대무변한 지식에 놀라곤 한다. 역사 이전의 신화적 세계에서부터 로마 무명 학자의 연구, 중세 시골의 어떤 풍습, 동서양의 갖가지 문화, 철학·역사·인류학·사회학의 어느 한 분야로 가둘 수 없는 앎의 폭에 자주 놀란다. 그러나 더 중요한 것은 지식의 폭보다 깊이일 것이다. 그는 언제나 사물과 인간의 핵심을 꿰뚫어 말한다. 그의 책에서 미셸 푸코가 지적한 처벌에서 돌봄으로 바뀐 근대 통치성의 원리를 읽는다든지, 최근 인류학의 흐름인 타자 또는 객체 중심의 전회를 읽는다든지, 공산주의(communism)를 넘어선 공유주의(commonism)의 사상—안토니오 네그리 등이 주창한—을 읽는다든지 하는 것은 전혀 놀라운 일이 아니다. 자연의 무제한적 이용이 단지 환경의 보복만이 아니라 인간들 사이의 관계와 공동체의 파괴로 이어진다는 현대 생태학의 기본 원리쯤은 그의 책 곳곳에서 확인할 수 있다. 그래서 그는 '환경보호'와 같은 몰정치적 표현보다는 정치적 생태주의, 즉 기술과 성장의 자율적 규제 아래서만 가능한 문화적 생태주의의 복원을 일찌감치 말했다. 소비의 부산물을 줄여야 한다는 환경운동가들의 좁은 시야를 넘어 '소비' 또는 '필요'라는 근대적 발명품 자체가 생태 위기는 물론이고 인간을 젖먹이 소비자로 불구화(disabling)한다는 성찰이 일리치의 생태주의이다. 그의 주저 대부분이 나온 1980년대에 이미 이런 이야기들을 깊이 있게 논했다는 점에서 일리치는 '21세기의 예언자'로 부를 만하다.

이 책의 주제를 언급하기에 앞서 일리치의 사상 전반을 잠시 짚어볼 필요가 있다. 일리치의 책들은 주제와 주장이 내적으로 긴밀히 연결되어 있어서 어느 하나의 책으로 시야를 좁히면 그의 생각을 오해할 소지가 크기 때문이다. 희소성(scarcity), 필요(needs), 자급자족(subsistence) 등은 일리치 사상 전반을 이해할 수 있는 키워드다. 비(非)시장주의 경제인류학자 칼 폴라니(Karl Polanyi)에게서 깊은 감화를 받은 그는 오늘날의 빈곤과 불평등, 폭력, 인간성 상실, 환경 파탄의 원인을 호모 에코노미쿠스(*homo oeconomicus*)의 탄생에서 찾는다. 시장에서 부여된 교환가치가 모든 재화의 사용가치를 대신하는 시장경제가 성립된 이후, 근대 경제학은 희소한 가치를 둘러싼 인간의 경쟁은 필연적이고 인간은 처음부터 필요를 가지고 태어난 존재라는 허구의 이념을 창조했고, 시장제도만이 그 필요를 충족할 수 있는 방법이라고 강변해 왔다. 그러나 폴라니가 밝힌 대로 시장경제 이전에도 사람들의 살림살이와 필요는 자급자족경제를 통해 충족되었고, 인간은 충분히 행복하고 만족스럽게 삶을 영위했다. '호모 에코노미쿠스'는 단지 근대 자본주의가 낳은 기이한 변종에 불과하다는 것이다.

'subsistence'는 흔히 '생계'나 '자급자족'으로 번역되곤 하지만 원래는 '자립'의 의미였다. 일리치는 다른 책에서 '자립적 관계'(*relatio subsistens*)라는 스콜라철학의 용어를 특별히 언급한 적이 있다(허택 옮김, 『젠더』, 264쪽). 아리스토텔레스 철학에서 중세의 스콜라철학으로 이어지는 전통에서 자립적인 것은 또한 실체적인 것이기도 했다. 우연적으로 만들어진 성질인 속성(attribute)과 비교하여 다른 것에 의지하지 않고 독립적으로 존재하는 것을 실체(substance)라 했는데, 그런 점에서 자립적 실체는 하나로 묶어도 좋은 개념일 것이다. 그러나 이 '실체'가 지금은 자주 '실질'의 뜻과 혼동되어 마치 '형식'과 대비되는 개념으로 이해되는 것도 사실이다. 폴라니는 자급자족경제를 공식경제(formal economy)에 대비하여 설명하고 있거니와, 여기서의 'formal'을 '실질'과 반대되는 의미로 생각하기 쉬운 것이다. 그러나 폴라니는 비공식경제(informal economy)와 대비되는 공식화된 시장경제의 의미로 이 단어를 썼고, 역사적으로 인간의 경제 형태에는 '자급자족경제'와 '공식경제'가 있음을 분명히 했다.

'자급자족'은 시장의 한 요소로 함몰되지 않는 자립적 인간 활동의 물질적 측면을 가리키므로 더없이 중요한 개념이다. 그것은 인간의 공동체적 관계 안에 단단히 묻혀 있는(embedded) 경제 활동을 가리키는 말이기도 하다. 그러나 이러한 관계와 문화적 맥락에서 뽑혀나간(disembedding) 시장경제가 성립하면서 교환가치—그것의 표현물이 곧 상품이다—가 인간 삶에 '근본적 독점'(radical monopoly)을 행사하는 체제로 이행했다는 것이다. 상품이 아니면 필요를 충족할 수 없는 이 근본적 독점 체제를 극복하고 자립적 삶을 회복해야 한다는 일리치의 주장은 제도 비판으로 이어진다. 학교, 의료, 교통 등의 근대 제도는 인간의 자율적 활동을 상품 교환의 체제 안에 묶어두기 위해 발명된 것들이다. 학교가 아니면 배울 수 없고, 병은 병원에서만 고칠 수 있으며, 차가 없으면 이동할 수 없다는 믿음은 인간의 자율적 활동을 돈을 내고 구입해야 할 '필요'로 바꾸기 위해 만들어낸 이데올로기라는 것이다. 그런데 이런 제도적 상품 체제는 그것을 설계 운영하는 전문가들의 이익에 복무하는 체제이기도 하다. 전문가들은 끊임없이 필요를 고안함으로써 사회에 대한 독점적 권한을 강화하고, 그 과정에서 인간은 더욱 더 불구화한다는 것이다. 이 결론에서 우리는 일리치의 관심이 그저 현대 문명을 비판하거나 정치적 변혁을 꾀하는 데 있지 않다는 것을 알 수 있다. 그의 관심은 무엇보다 인간의 실존적 자율성을 회복하는 데 있었다. 일리치는 처음부터 끝까지 가톨릭 신앙을 버리지 않았고, 인간을 스스로 성화될 수 있는 영성의 존재로 믿은 사람이다. 신이 베푼 인간의 자유와 자기실현의 소명을 되찾아야 한다는 믿음, 그것이 일리치 사상의 근본일 것이다.

일리치의 저작들을 발표순으로 일별하면 1980년대 중후반쯤에 뚜렷한 변화가 감지된다. 1960년대부터 80년대 초까지 그는 사회비판의 전사였다. 근대 산업사회가 불러온 인간성과 공동체의 파괴, 끝없는 경제 성장의 이념으로 인한 불평등과 생태 문제, 인간의 자율을 압살하는 제도주의, 모든 문화적 다양성을 지우는 근대적 획일성을 강도 높게 비판하는 데 그의 관심이 집중되어 있었다. 『깨달음의 혁명』에서부터 『학교 없는 사회』 『의료의 한계』 『행복은 자전거를 타고 온다』 『공생공락의 도구』에 이르기까지, 그리고 역사적 탐구를 통해 근대 경제의 허구적 기초와 젠더 불평등의 기원을 밝혀낸 『그림자 노동』 『젠더』 등이 그런 저서들이다. 이 모든 것은 에리히 프롬이 일리치에 대해 평한 한 마디 말, '인본주의적 래디컬리즘'(humanist radicalism)으로 요약할 수 있을 것이다. 일리치는 래디컬 곧 '뿌리'로 돌아가 인간의 자율적 삶을 해치는 모든 것을 폭로하고자 했다.

그러나 1980년대를 거치면서 일리치는 그가 겨냥한 현대의 제도와 경제체제가 흔들리기는커녕 더욱 강화되는 것을 보며 꽤나 깊은 절망에 시달린 듯하다. 나중에 일리치는 "우리가 창조된 모습에서 점점 멀어져 가공된 현실에서 살고 있고 (…) 무력함이 무엇인지 알게 되었다"는 말과 함께, "이 무력함을 순순히 받아들이고, 사라져 버린 것을 애도하며, 더 이상 돌이킬 수 없는 것을 단념해야 한다"고 고백한다(데이비드 케일리, 『이반 일리치와 나눈 대화』, 276쪽). 바로 이즈음에 그의 관심은 제도 비판에서 현대를 만든 관념으로 옮겨간다. 현대의 도구 대신 도구가 가진 의미에 대해, 물리적 사실 대신 그 사실에 대한 사람들의 생각에 관심을 돌린 것이다. 그것은 이전의 관심을 포기했다기보다 더욱

'뿌리'로 거슬러 올라가 현대의 문제를 파헤쳐보려는 의도였을 것이다. 그러한 관심이 시작된 1980년대 중반의 저서가 이 책 『H_2O와 망각의 강』이다. 『ABC: 민중 지성의 알파벳화』(1988)와 『텍스트의 포도밭에서』(1993)도 같은 관심의 연장선에 있는 저서라 할 수 있다.

『H_2O와 망각의 강』에서 일리치가 시종일관 유지하는 문제의식은 근대적 사고에 감춰져 있는 '획일화'의 논리이다. 모든 가치를 화폐로 환산하는 근대 경제학의 철학적 의식에는 등가 교환이라는 개념이 들어 있고, 또 이 개념에는 모든 물리적 대상은 동일하다는 가정이 전제되어 있다. 물리적 가치가 동일하지 않으면 교환할 수 없기 때문이다. 장 보드리야르가 화폐, 지식, 기호를 실체적 기반에서 떠나 유통에서 가치를 획득하는 대상으로 규정한 바 있거니와(그는 이런 모방적 대상이 원본을 앞서는 현상을 현대의 특징으로 본다), 일리치 역시 표준화되어 소통할 수 있는 모어와 화폐교환 경제를 근대적 사고를 탄생시킨 맹아로 지적한다(일리치, 『그림자 노동』 참조). 모든 것을 모든 것으로 대체할 수 있다는 교환의 이념은 인간의 고유하고 구체적인 활동마저 교환 가능하고 조작할 수 있는 것으로 취급한다. 그리고 그런 사례의 일부가 이 책에서 다루는 물, 공간, 냄새와 같은 '질료'들이다.

일리치는 이 책에서 인간의 문화와 역사를 떠나 그 자체로 존재하는 '보편적' 질료는 없었다고 한다. 인간이 내용과 형식을 부여해야만 질료가 존재할 수 있다는 관념론적 주장이 아니라, 인간과 질료가 서로에게 의존하고 서로를 제한함으로써 하나의 공통된 삶의 세계를 구성한다는 역사주의의 주장에 가깝다. 또는 후설과 하이데거가 말했듯이, 스스로 생활세계(Lebenswelt)를 구성하며 살아가는 인간의 존재 방식에 대한 주장이기도 하다. 그런 생활세계 바깥은 존재하지 않는 영역이 아니라 야생의 열려 있는 영역, 신의 영역에 속한다는 생각이 인류의 오랜 생태적 지혜이기도 했다(본문 32쪽 주7). 그러므로 일리치는 질료들에 부여된 문화적 의미와 상상력을 탐구하는 것이야말로 인간의 잃어버린 삶을 재발견하는 작업이라고 생각했다. 일리치는 이 책에서 그 작업을 고대의 공간과 물에서 시작한다.

고대의 공간은 안과 밖의 경계를 긋는 작업에 의해서만 탄생할 수 있었고, 물 역시 하늘과 땅 혹은 이승과 저승을 나누는 이원적 원리를 가진 질료였다고 한다. 경계를 그음으로써 공간은 친밀하거나 낯선 공간으로서의 의미를 얻었고, 물도 이승과 저승의 경계 짓기를 통해 죽은 이에게서 씻어낸 기억을 므네모시네의 샘으로부터 전해주거나 영혼의 정결함을 일깨우는 이중적 의미를 가질 수 있었다. 씻어내고 되살리는 기능이 물의 본래적 이중성이며, 후일 그것은 씻어내는 청결(cleanness)의 역할과 일깨우는 정화(purification)의 역할로 표현되었다는 얘기다. 요컨대 고대인들은 이런 차이를 사물이 고유하게 담지하고 있는 특성으로 강렬하게 의식하였고, 이런 이원성 또는 차이성을 인간의 문화와 삶의 근간으로 삼았다는 것이다.

하지만 근대가 지어낸 교환—이 책에서는 '순환'—의 이념은 이 모든 차이를 문질러 지우고, 균질화되고 획일화된 공간과 물의 관념으로 바꾼다. 물이 독성과 냄새를 제거하는 H_2O라는 화학물질로 전락하고 공간이 균질화된 데카르트적 동일 공간으로 바뀌면서 인간의 감각체계도 달라진다. 과거 사람들은 냄새로 공간의 특징을 지각하고 반응했는데, 근대의 냄새는 시신과 분뇨가 뿜어내는 냄새이자 신분을 드러내는 혐오와 수치심의 표지가 되었다는 것이다. 마르셀 프루스트가 마들렌 과자의 냄새에서 유년의 기억으로 빠져들듯이, 지금도 우리는 시각의 기억보다는 냄새를 통해 어릴 적 아련한 어머니의 살 냄새와 김이 피어오르는 저녁 밥상을 또렷이 기억한다. 개인마다 또는 각 문화마다 독특하게 형성되어 있는 이런 기억의 고유성과 상상력은, 공간적 차이를 밀어버리는 불도저와 변기의 물을 호수의 물로 재활용하는 현대 문명의 균질화 논리에 의해 문질러지고 평평하게 다져져 버렸다. 그리하여 우리는 변기 물과 호수물의 차이도, 아름답게 지저귀는 시냇물과 도시의 인공적 콘크리트에 갇힌 분수의 차이도, 자연의 불과 핵발전소의 끝없이 타오르는 불의 차이도 분간할 수 없게 되었다. 문화마다 달리 표현되는 젠더의 차이를 이해하지 못하고 단지 성(sex)이라는 생식기의 차이로만 남녀를 구분하는 사고, 친밀함과 낯섦의 차이도 없이 모든 인간을 동등한 원자적 개인으로 치환하는 사고는 결국 거짓 평등의 신화를 낳았고, 소유권으로만 개인을 평등하게 대하는 세계, 그리하여 거꾸로 소유의 차이로 인간을 차별화하는 기이한 세상을 만들고 만 것이다.

이 책에서 일리치는 미국 댈러스 시의 타운레이크 조성을 둘러싼 논란에서 출발하여, 이 논란의 근저에 숨어있는 현대적 관념의 연원을 고대, 중세를 거쳐 근대로 이어지는 공간과 물의 상징을 통해 들춰낸다. 중요한 점은 이 탐색을 통해 '과거의 거울에 비춘' 현대의 특징이 적나라하게 폭로된다는 것이다. 인간의 생생한 삶의 현실이 기술적 관리와 조작을 통해 획일화되고 경제적 합리성에 굴복한 것이야말로 현대의 본질이라는 것이다. 이런 균질화의 폭력 아래서 인간은 다양하고 풍요로운 삶의 의미를 잃어버렸음은 물론이요, 신이 자연을 통해 베푼 자율적 삶의 가능성과 성화의 기회마저 박탈당하고 말았다.

이러한 일리치의 논점에서 꼭 짚어야 할 부분이 하나 있다. 그가 말하는 차이와 다양성의 복원은 현대에서 말하는 다양성의 존중이나 가치의 평등과는 별로 상관이 없다는 점이다. 오늘날 우리가 떠받드는 다양성의 이념은 모든 것을 개인적 가치로 치환하는 자유주의적 다양성의 또 다른 버전일 수 있다. 바로 교환의 이념에 따라 동질화된 가치들의 거짓 등가성 말이다. 일리치가 말하는 다양성(diversity)이란 단순한 가치의 복수성(plurality)이 아니라, 공동의 역사적, 문화적 경험을 통해 형성된 사회적 고유성(singularity)이다. 이 유일무이한 특징들은 당연히 교환할 수도 대체할 수도 없는 것들이다. 예컨대 각각의 문화들이 공간과 물을 다루는 방식은 그 문화에 밀착되어 있을 수밖에 없다. 이것은 젠더의 경우에 더 잘 드러난다. 모든 문화는 기계적으로 이분화된 성(性)이 아니라 상호보완적이고 비대칭적인 젠더 관계 위에 존립한다. 젠더 간의 불평등이 아닌 비대칭성, 그리고 대립성이 아닌 상보성의 내용은 문화마다 모두 다를 수밖에 없다. 각 문화의 젠더는 그 문화의 자율적 생존 조건에 의해 제약받을 수밖에 없고, 다시 그 문화의 조건을 제약하기 때문이다. 따라서 인위적으로 만들어진 것은 젠더가 아니라 성이다. 생식기를 기준으로 남녀를 구분하는 사회는 역사적으로 현대 말고는 없었다는 것이다.

마지막으로, 『H_2O와 망각의 강』을 옮기는 일이 그리 쉽지는 않았다는 것을 고백해야겠다. 일리치의 글은 비유와 상징, 그리고 축약된 표현들이 가득하여 정확한 논지를 따라가기 위해서는 몇 번을 거듭해서 읽어야 하는 경우가 많다. 하지만 다국어 능통자로 언어적 천재라 할 만한 일리치도 그의 '모어'를 묻는 질문에 가장 사랑하는 언어는 라틴어, 편한 언어는 독일어라고 말한 적이 있다. 그래서인지 그의 영어는 '그만의 영어'라고 할 만한 기묘한 특징이 있다. 옮긴이에게 그런 특징까지 살릴 능력은 없어서 아쉽다. 그래서 자구와 문장을 그대로 옮기기보다는, 최대한 우리말로 읽히기 좋게 적극적인 개입을 했다. 번역상의 문제가 있다면 모두 이런 과정에서 나왔을 것이다. 부디 이 책이 독자들에게 우리 세상을 다시 한 번 되돌아볼 수 있는 소중한 기회가 되기를 빈다.

2020. 6. 옮긴이

〈이반 일리치 전집〉을 펴내며

'이반 일리치'라는 이름을 말하면 사람들은 1970~80년대를 풍미했던 이론, 또는 한물간 사상가의 기억을 떠올립니다. 어떤 이들은 학교로부터의 탈출이나 현대의료에 대한 거부를 외쳤던 반문명주의자의 초상을 떠올리기도 합니다. 이처럼 유행의 힘은 사상의 영역에도 예외가 아니어서 변할 수 없는 진리마저 낡고 빛바랜 것으로 만들곤 합니다. 그러나 어떤 진실은 시간의 변덕스런 힘에도 살아남아 뒤늦게 빛을 발합니다. 적지 않은 사람들이 꾸준히 일리치를 찾아 읽고 현실의 어둠을 헤쳐나갈 눈을 얻으려는 것은 그만큼 그의 사상이 진실의 힘을 가지고 있기 때문일 것입니다.

일리치가 한때의 유행에서 다시금 고전으로 부활하고 있는 것은 역설적으로 현대가 겪고 있는 위기가 더욱 커지고 깊어졌다는 뜻이기도 합니다. 끝없는 성장만이 인간을 행복하게 만들어줄 수 있다는 이념은 자유시장과 무한경쟁을 앞세운 신자유주의로 심화되고 있고, 그것이 오늘의 위기를 재촉하고 있다는 것은 모두가 느끼고 있는 사실입니다. 우리는 이 위기를 사회적, 생태적, 실존적 위기의 세 가지로 짚어볼 수 있습니다. 성장의 이데올로기는 능력에 따른 불평등을 정당화하고 결국 양보와 합의에 기초한 공동체의 토대마저 흔들고 있습니다. 그것은 또한 우리 모두에게 주어진 자연을 소수를 위한 착취의 대상으로 삼아버렸습니다. 이러한 사회적, 생태적 위기 속에서 우리는 물질적 욕구의 충족만을 행복으로 여기는 영혼 없는 존재로 타락해 가고 있습니다.

일리치는 이 모든 위기의 뿌리가 인간을 '호모 에코노미쿠스'로 본 근대 경제학에 있다고 합니다. 인간은 날 때부터 '필요'를 가진 존재이고 자연의 '희소성'을 두고 서로 싸워야 하는 존재라고 보는 관점 말입니다. 그러나 일리치는 우리의 필요란 조작된 것이요, 우리 삶의 조건은 희소한 것이 아니라 자급자족적 삶을 꾸려가기에 충분한 것이라고 말합니다. 우리의 가난이란 현대화된 가난으로서 상품을 소비할 수 없어서 생겨난 것이고, 그런 점에서 상품은 인간 삶의 모든 측면에 대해 근본적인 독점을 행사하고 있다는 것입니다. 따라서 상품의 끝없는 생산 및 소비에 의존하는 경제 성장은 필연적으로 역생산성에 빠질 수밖에 없다고 합니다. **가난의 현대화, 근본적 독점, 역생산성**은 이반 일리치가 우리에게 남겨 놓은 귀중한 통찰입니다.

사월의책이 새삼 〈이반 일리치 전집〉을 펴내는 까닭은 현대 사회에 대한 수많은 비판의 담론 위에 또 하나의 비판을 얹고자 함이 아닙니다. "이성으로는 비관하되 의지로 낙관하라"는 안토니오 그람시의 말대로 일리치는 현대를 비관한 만큼이나 인간 사회에 대한 낙관을 잃지 않았습니다. 그는 미래에 대한 비관적 전망이 현재에 드리워놓은 그림자로부터 그 현재를 재발견하는 것이야말로 우리가 해야 할 일이라고 보았습니다. 일리치를 읽는 것은 나 자신과 이 사회를 재발견하고 우리 자신에 대한 희망을 다시 세우는 일이 될 것입니다.

> "나는 세상에 불을 던지러 왔노니, 이미 그 불이 타올랐으면 내가 무엇을 원하리요." (누가복음 12:49)

사월의책 편집부